文化昭通

彝良

【文化昭通】

总策划 杨亚林 郭大进
主编 王忠
本卷主编 周小芳

将军故里 天麻之乡

云南出版集团
云南人民出版社

彝良

图书在版编目（CIP）数据

文化昭通．彝良 / 周小芳主编．-- 昆明：云南人民出版社，2018.12
ISBN 978-7-222-17230-2

Ⅰ．①文… Ⅱ．①周… Ⅲ．①地方文化－彝良县 Ⅳ．①G127.743

中国版本图书馆 CIP 数据核字 (2018) 第 098513 号

创意策划： 云南出版集团公司产业发展部

出 品 人： 赵石定
责任编辑： 刘 焰 雷敔星
设计总监： 袁亚雄
装帧设计： 乐 乐 熊小熊
责任校对： 陈春梅
责任印制： 洪中丽

文化昭通·彝良
WENHUA ZHAOTONG YILIANG

主编： 周小芳
出版： 云南出版集团 云南人民出版社 // **发行：** 云南人民出版社
社址： 昆明市环城西路 609 号 // **邮编：** 650034
网址： www.ynpph.com.cn // **E-mail：** ynrms@sina.com

开本： 787mm×1092mm 1/16 // **印张：** 16.75 // **字数：** 230 千
版次： 2018 年 12 月第 1 版第 1 次印刷
印刷： 云南出版印刷（集团）有限责任公司 云南国方印刷有限公司

书号： ISBN 978-7-222-17230-2 // **定价：** 79.00 元

如需购买图书、反馈意见，请与我社联系
总编室：0871-64109126 发行部：0871-64108507 审校部：0871-64164626 印制部：0871-64191534

云南人民出版社微信公众号

总序

600万年前，地球这颗星球还是一片蛮荒。

现今的昭通坝子是野生动物的乐园。

猿、麂鹿、貘、剑齿象、犀牛、河狸、水獭在这里生生灭灭。

太古蛮荒，日长如年。

星球旋转，时序更迭。

几百万年的岁月就这样过去。

10万年前，昭通过山洞一带，有了“人”。他们从哪里来，不知道；他们怎么生活，不清楚。

昭阳巡龙湾、鲁甸野石、巧家小东门等石器时代遗址的发现，让历史的蒙昧天幕依稀闪现出了一丝文明的曙光。

人类在繁衍，母系、父系，生生不息。

部落在迁徙，登山、涉水，寻求更好的环境。

公元前7世纪的春秋早期，中原已是“郁郁乎文哉”，滇东北高原还是一片黑暗。

一个人，一个部族的出现，改变了这一切。

他，就是杜宇！

昭通有文字记载的历史从此开始。

杜宇“从天堕，止朱提”，拂去神话的色彩，应是一个在西南大地上迁徙的部族。他或他们在朱提——昭通坝子的突然出现，揭开了昭通文明史新的一页。

足音如雷，人声鼎沸；筚路蓝缕，以启山林。

从此，弹丸之地的昭通和中华文明的母体，紧紧连在了一起。

来也匆匆，去也匆匆。

稍事休养生息后，杜宇，又带着他的部族北上了。

如果说，文明是人与自然结合的产物，是人在自然界留下的痕迹，那么，杜宇刻在昭通的痕迹，是既涂且重了。

这条痕迹在滇东北的密林深箐，崇山巨壑中往北延伸，进入川南，直达成都。

这，就是五尺道的前身。

不管后人把这条道路叫作海见之路、盐铁之路，抑或是茶马之路、丝绸之路，但它实实在在是一条羊肠小道，是一条文明的脐带。

而这条路，是杜宇和他的部族，用脚板走出来的。

昭通，是这条文明脐带上的一个重要节点。

整个春秋战国时代，正是这一条血脉，联系了中原和南滇，尽管有时它似乎微弱得似有若无。

公元前4世纪末，李冰为蜀守，修筑了闻名于世的都江堰。但，不要忘记，他还有一个功劳，就是修筑了从僰道（今宜宾）通往滇东北的道路。

又过了百年，到公元前3世纪末，秦始皇“席卷天下，包举宇内”，海内一统，雄才大略的他又把眼光盯在了这条道路上，他派常頞在李冰修筑的基础上，把路往南延伸，“五尺道”初步定型。并在“诸此道颇置吏焉”，秦王朝的触角伸向了这里。

昭通“锁钥南滇，咽喉西蜀”，成了中原通向云南的桥头堡。汉文化、西南夷文化在这里交融，碰撞出了绚丽的火花。

文化昭通的滥觞从这里开始。

西汉王朝设郡置县，通道置驿，移民屯田，中原的先进文化随着铜铁竹木、僰僮髦牛的贸易，源源不绝输入这里。西汉末，文齐率夷汉人民“凿龙池，溉稻田”，说明农耕文化已然发展。

东汉，随着南中大姓的兴起，汉文化已扎根这片大地。灿烂的朱提青铜文化，使昭通成为名副其实的“中国汉洗之乡”。被誉为“南中瑰宝”的东汉《孟孝琚碑》是儒风吹拂高原的明证。它那理性而悲愤的文字内容、沉郁而厚重的书法风格，连同朱提青铜器那精美的制作工艺，至善至美的工匠精神，给昭通文化不小的影响。

东晋“霍承嗣壁画墓”中的夷汉部曲壁画形象，是夷汉文化在昭通进一步融合的明证。这时的昭通“其民好学，为南中冠冕”，文化的发展已然走在云南的前列。

当然，文化的发展从来是不平衡的。五尺道沿线及坝区的居民点，受汉文化影响较深，南中大姓基本沿用内地的生活方式，而边远山区的一些部族，到了晋代依然还是“食内衣皮、言语服饰不与华同”。

南北朝至隋唐，随着中原王朝的衰微，“夷强汉弱”，文化的发展亦进入低谷。

唐宋昭通夹在中原王朝及云南地方政权南诏、大理之间，天高皇帝远，除豆沙关留下一小块唐袁滋摩崖刻石外，未发现更多的史料及文物。

宋、元、明三代，昭通与中原多数时间“荒梗不通”，成为乌蛮土司“争官夺印”、互争雄长之地。生产力停滞、倒退，文化建设上亦乏善可陈。

清雍正年间的“改土归流”，无疑是昭通政治、经济、文化发展史上的一个分水岭。流官、营兵、垦户、矿厂的大量入昭，带来了汉文化的再度复兴。“乌暗蒙蔽”变而“昭明通达”，昭通迎来了历史上第二个文化的高峰，从而开昭通近代文化之先声。

民国昭通作为云南高层领导龙云、卢汉的故里，素有“小昆明”之称。云南作为抗战的后方，大量南渡北归的文化人经过，为昭通带来了文化的新气息，使昭通文化的发展，比肩于内地发达地区。

改革开放后，惊雷声声，万绿齐萌于沃野；春风忽渡，鲜花竞放于高原。“昭通作家群”的异军突起，标志着昭通文化进入了一个希望的春天。

回眸昭通文化，它像一条历史长河，千折百回，跌宕起伏。时而惊涛裂岸，时而幽咽泉流。有辉煌也有暗淡，有厚重也有单薄，有前进也有停滞。

凝视它，有欣喜也有苍凉。

我们没有理由妄自菲薄，我们更不该夜郎自大。

昭通文化，是一个复合多元的文化，是生活在这块土地上的各族人民共同创造的。这条文化的长河，流淌着生活在这块土地上的各族人民的心血和汗水，是各族人民共同创造的结晶。

从杜宇部族脚下的草莽小径，到蜿蜒曲折的五尺道，到今天的高速公路、铁路、航空线，文化的脐带愈来愈宽阔、愈来愈结实。

交通，与昭通文化的关联太紧密了。

昭通、昭通，不昭不通，不通不昭。

昭明，才能通达；通达，将更加昭明。

一个更开放、更包容的社会，将更有助于昭通文化的繁荣兴旺。

在前进的道路上，我们既要回望传统，又要放眼未来。

要守住自己的根，也不要小视别人的果。

要有文化的自信，更要有文化的自省。

这样，我们才能长大。

目录 Contents

1　总　序

001　第一章　将军故里

006　从古夜郎走来的彝良

010　会飞的白人子

015　漫步奎香话古城

022　黄葛树下建县衙

029　第二章　古道沧桑

030　风情万种白水江
046　江南水乡看洛旺
054　藏金卧银猫猫山
064　奇山异景钟鼓鸣
074　两河沟深锁二桥
077　陇家花园绽芳华
081　摩崖怀古瘦石山

087　第三章　红色记忆

088　传奇将军罗炳辉

100　革命先驱刘平楷

105　建军勇士钟德禹

107　护国元老禄国藩

110　救贫义勇是铁军

112　大黑山下回旋战

124　两个人的长征路

128　大雁落脚的地方

134　忠魂千秋创业山

137　群星灿烂耀热土

143　第四章　天麻之乡

144　大美小草坝

166　中国神草

177　壮哉朝天马

187　第五章　文脉流芳

188　牛街旬刊播火种
190　春风吹拂书香浓
196　微雕大师陈守仁
199　文苑百花齐争艳
217　云朵下的大黑山
228　起舞欢歌醉山寨
242　美食美刻烩彝良

第一章

将军故里

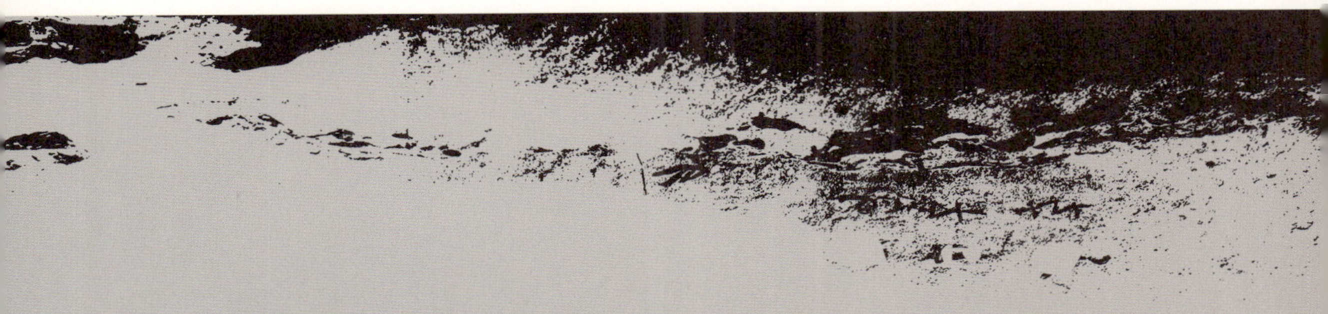

在云南东北部的彝良，紧挨贵州和四川，是将军故里、天麻之乡，钟灵毓秀，物华天宝，资源丰富，有悠久的历史文化。汉、晋即有史料记载：229年，助诸葛亮南征的彝族部落首领济火曾获封在这里建立政权。远古的僰人、彝人曾在这里繁衍，中原文化、蜀汉文化和夜郎文化在这里交织。彝良是磅礴乌蒙群山中的山水画，大黑山巍峨，白水江拍岸，洛泽河涌金。小草坝原始森林青山叠翠，飞瀑荡谷；牛街古镇依山傍水，风光旖旎；全国有名的海子坪野生毛竹和罗汉竹自然保护区绿野仙踪，宁静致远；世界天麻原产地小草坝的野生天麻早在清朝就成为贡品，因此小草坝被皇帝赐封为“天财地宝”。彝良的每一座山都是金山，石英砂储藏量居云南之首，无烟煤被称为“世界煤炭王中王”，已探明的高品位的铅锌矿储藏量达150万吨。彝良的每一条河都是银河，水能资源蕴藏着84.6万千瓦的能量。

彝良的梦想，缘于这片红土地，将军的业绩，英雄的精神，仿佛旗帜在长空呼啸，昭示彝良人所向披靡，创造新的光荣和梦想。

彝良是县名，也就是彝良人的籍贯，我们在它繁杂的笔画里居住了很多年，在没有离开它的时候，不敢轻易把它说成家乡。在云南，还有一个与彝良同音的县，叫宜良。撇开读音，只有字面上的区别。一字之差，难免有人将两个县混为一谈，甚至把寄给彝良的邮件投到宜良。与文字打交道的人，都知道彝良的“彝”不能写成“彞”或“奕”，只有一些昭通人才把彝良的“彝”写成神采奕奕的“奕”。但这并不会改变班车的方向和我们居住的位置。

彝良一名是由宋朝易良部，元代益良州，清夷良州演变而来，

据民国《云南省民政厅案卷》载："县冠名彝良二字，系沿用旧日夷良州同名称，有历史关系，且字义亦可取。"今彝良境域宋称易良部，属叙州羁縻地，元朝设芒部路军民总管府，领强州（今威信一带）及益良州。易娘、益良、易良、益梁、夷良等属同音异写，彝良明洪武年间改隶四川布政司，明嘉靖五年（1526年）于彝良寨置归化长官司。清朝废益良州入镇雄府（改土归流后划归云南），置彝良州。乾隆年间另设昭通府知事。光绪三十四年（1908年）废州同置彝良县，属镇雄直

山环水绕彝良城

隶州，民国二年（1913 年）废镇雄州，分置镇雄、彝良两县。彝即有“米”又有“丝”，吃穿不愁，丰衣足食之意。

彝良地处滇、川、黔三省接合部的乌蒙山区，是无数座小山挤成的大山，像天空下的一匹马，驮着太阳在峡谷里钻进钻出。我们每天都骑在马背上，只要往前走一步，就进入四川的草地，摸到贵州的牛羊。在磅礴的群山之间，每一个彝良人都是精神的国王，放牧着一只大鸟。彝良，有水的地方就有村庄和爱情，有路的地方就有英雄和梦想。十里不同天的彝良，在同一个季节，山脚的妹妹热得想走出裙子，山顶的姐姐却冷得缩进毛衣。正如一首诗中写的：“我的乡亲们出远门 / 都带着扇子和棉袄。”很多人在介绍彝良县情时必须提及的关键词是“山高谷深，沟壑纵横”，因为爬了一座山还有一面坡，过完一道沟还有一条河。“汉子们站在这一座山头 /

可以用山歌把对面那座山的姑娘 / 从茅草房里唱出来梳妆 / 而要抚摸到她的辫子和耳环 / 却要从中午走到天黑。”这同样是用诗句真实描述的彝良。

彝良值得夸耀的不仅是天麻的故乡，还是英雄的热土，红军名将罗炳辉和当代英雄徐洪刚都是彝良人。而且，彝良神奇的山水还滋养出很多美女。有人曾经向外地人形容，走在彝良县城的佳丽：一步一个张曼玉，五步一个林青霞，遍街都是宋祖英。虽然有点夸张，但从彝良女子在 1993 年昭通十佳小姐大赛中头戴桂冠这一“昭通美女现象”来看，彝良出美女已经是不争的事实。“彝良县不仅出英雄，还出美女。”是的，英雄与美女已经成为彝良的一张名片。

县城夜景

从古夜郎走来的彝良

ZHAOTONG

由于当时的夜郎王自大，每攻占一地，即以“夜郎”加封，今在云贵川三省，便留下不少“夜郎”及谐音“以那”的地名。在今天的威宁、赫章、彝良三处地区，保持“易”和“郎”的地名很多。特别是“彝良”的许多称谓，更为明显，与古夜郎紧紧相连。“彝良”名称的正式出现，是在清光绪三十四年（1908 年），彝良从镇雄分出，正式成为一行政区划的县份，才有了“彝良县”的名称。当然，这“彝良”新名，也没有离开“易良”的字音，只不过进一步表明了彝良全是彝族居住的地区。

夜郎，是西南地区彝族先民的世居地，是彝族最早的部落原始群体古国。夜郎，神奇而奥秘，是个千古传奇，然而地处滇东北的彝良，竟和这千年古国走得很近。

石破天惊，20 世纪 90 年代发掘的一部《夜郎史话》揭开了夜郎古国的神秘面纱。这部彝文古籍是迄今为止人们见到的古夜郎国历史的古籍专著。该书存于 664 年，根据该书的记载和考证，夜郎建都在公元前286—268年。建都的地点彝音译为柯乐洛母。“柯乐”乃“可乐”的音译，遗址即今天贵州省赫章县可乐彝族苗族乡，与彝良山水相连，近在咫尺。今大黑山下的龙街、树林、奎香等地，都属于夜郎国的中间地带（洛泽河镇以下毛坪至角奎、牛街、洛旺这一地区属于僰人居住区）。这一古籍的出现，轰动全国，即刻引起考古专家们的注意，开始在可乐周边进行考古发掘。发掘了 300 多座墓葬，出土 1000 多件珍贵文物。这些文物都带有彝族文化的特色，有纹路的铜戈、青铜箭镞、铜柄铁剑、牛头形铜带钩和鲵鱼形铜带钩等。其中，在一墓葬中有一铜釜，釜内有死者的遗骨，这种“套头”“套脚”的葬俗，在国内考古资料中尚属首见。对古遗

址可乐的考古，被列入2001年度“中国十大考古新发现”。

由于当时的夜郎王自大，每攻占一地，即以“夜郎”加封，今在云贵川三省，便留下不少“夜郎”及谐音“以那”的地名。在今天的威宁、赫章、彝良三处地区，保持“易”和“郎”的地名很多。特别是“彝良”的许多称谓，更为明显，与古夜郎紧紧相连。“夜郎”又称“夜狼”，而彝良最早称“夜娘”，与夜郎仅一字之差。以后又称“易娘”“易良”“夷良”等。只不过是“夜”和“狼”谐音用字的改变，而万变不离其宗，都与夜郎名称相连，即为夜郎的分属地。

❶ 江韵豪庭小区

❷❸ 新型城镇化

1

后来，彝族先祖济火随诸葛亮南征有功，封为水西王（今贵州境），其子孙芒部者居镇雄，其后代再分支居彝良，数百年间，“易娘”“易良”“夷良”的名称始终没有改变。“彝良”名称的正式出现，是在清光绪三十四年（1908 年），彝良从镇雄分出，正式成为一行政区划的县份，才有了“彝良县”的名称。当然，这“彝良”新名，也没有离开“易良”的字音，只不过进一步表明了彝良全是彝族居住的地区。

至今，昭通、彝良仍存留着古夜郎彝族的习俗。据《后汉书 · 南蛮西南

2

3

夷传》载："夜郎者，初有女子浣于遁水，有三节大竹流入足间，闻其中有号声，剖竹视之，得一男儿，归而养之。及长，有才武，自立为夜郎侯，以竹为姓。"这带有美丽的传说，而在今昭通彝文经书中的"六祖分支"及诸多的神话传说中，彝族的竹文化与古夜郎相近 。更有趣的是：那个自认为"自大"的酒仙李白，也曾遭遣流放到"自大"的夜郎区域。而今的彝良已不是彝族独居的地域，而是有汉、苗、彝等 16 个民族杂居的地方，共同打造着彝良。彝良的山在变、水在变，不变的是古夜郎深深的印记。

1 彝良县城

2 洛泽河大道

3 洛泽河大道旁的安置小区

会飞的白人子

彝良牛街一带是古僰人的原生地，数百年后改称“都掌蛮”，他们的一切社会活动，都与古僰人有着不可分割的历史渊源。彝良是古僰人的故居，兴在这里，亡亦在这里。

悬棺，一部无字的天书，遗忘在巨石的眼睛里。穿麻布的人，丢下水稻，逃离一万年的大地和马匹，拒绝天空上的天空，是我最后的归宿，也是你们永远的绝路。一部无字的天书，包括了所有的文字，在生锈的时间之外，谁能企及我，谁能读懂我比巨石更沉的孤独？从昨夜的大雪里抽出的大风，唤不醒我的沉默和英雄的血。因为在无字天书建筑的空中城堡和袖珍花园，我是没有疆土的大国，我是没有加冕的国王。

金沙江边悬崖上的悬棺，至今仍是不解的旷世之谜。传说中的白人子，一去没了踪迹。悬棺不仅盐津豆沙关、威信长安有，彝良早些年的白水江、洛泽河悬崖上也挂着，在彝良这块土地上，还找得着白人消失的历史踪影。

传说中“会飞”的“白人子”被诸葛亮所收。这“白人子”，就是先秦时期在中国西南居住的一个古老民族——僰族。秦时曾在“僰人”居住地设“僰道”，治所戎州，即今之宜宾，其范围至古朱提（今昭通广大地区），彝良在其中。古籍上常将“爨”“僰”两种民族并提，“爨”为古夜郎国滇东北彝族的先民，“僰”为僰

侯国的僰人。在昭通地区尤为特殊，是这两个民族同时共存的地方。彝良大黑山下的周边地区为夜郎国的彝族先民，洛泽河、白水江流域为僰人居住地。秦汉之际，朱提地区的僰人也在利用“千顷池”“龙泉”（龙洞水）等水利资源种植水稻，秦灭巴、蜀之后，蜀的附属僰侯被蜀守李冰所破。汉武帝派唐蒙通夜郎，夜郎归汉，汉朝在夜郎、僰人地区设置了犍为郡。

传说中会飞的“白人”，也不是空穴来风，只不过被人们加以神话罢了。在当地的旧志上，记述了这个行走如飞的民族。有夷人普法恶，戈魁（今角奎）人，“生而足底有毛寸许，行如飞”，形容人跑得快，有“飞毛腿”一词，这个民族就是“飞毛腿”，夸大了就是“飞人”。僰人居住地多为高山密林，为了生存，他们穿行于崇山峻岭中，都是些赤脚大仙，脚底的皮磨得刺插不进、树桩划不破，练就了行走如飞的本领。“僰”字在《说文解字》中为从人，是人中仁者。《水经注》记：僰人是“夷中最仁，有仁道，故从人”。在西南诸多少数民族中，僰人是开化程度最高，比较先进的民族。而仁柔平和的美德，并没有给他们带来幸福，反而成了被蹂躏和奴役的祸根。因他们能说汉语，兼通西南各民族语言，在秦灭汉兴时，商贾常到僰人居住地收买“童仆”，高价卖到中原地区。据说僰童作为奴婢的优点是有人道，性情温良，知书达理，表现出色，大受中原顾主的欢迎。在唯利是图的巴蜀商人眼中，僰童是价值最高的商品，在掠夺成性的野蛮人看来，僰人是他们增加财富的源泉。巴蜀商人为发家致富，将部分僰人掠卖为奴，导致“父兄不幸，幼孤为奴掳，系累号泣”的人间惨剧。就连当时的司马相如都为之切齿，他谴责这种“犯义侵礼”的行为是“邪行横作”。随着历史的千年演变，“僰人”这种称呼渐渐变味，以至消失，由“獠人”“夷人”“都掌蛮”等称呼所指代。到后来，这个民族不再沦落，已经雄起。

隋末唐初，西南少数民族发生了深刻变化，渐渐脱离朝廷的统治，昭通地区属于南诏国的37部之一，并与朝廷相抗衡。有史记载，唐天宝年间，唐朝派兵20万征南诏，真的遇到凶悍的“白人子”，出戎州，过盐津，石门关不通，改道彝良牛街过芒部（镇雄）。在牛街境内，遭到原始僰人部落的袭击，损失惨重，死万余人。到宋太祖时，认为唐时的祸根起于南诏，以史为鉴，宋太祖以玉斧划大渡河曰“此非吾有也”，自此云南遂不属朝廷管辖，各少数民族之间各自称王。当时昭通地区两股势力异峰突起，一是乌蒙王，占据了整个滇东北；一是洛泽河、白水江流域的都掌蛮（系僰人后裔）。元一统后，对这些地区实行高压政策，当地少数民族联合反抗统治阶级的斗争不断，尤以牛街白水江为中心的僰人反抗斗争最为惨烈。史载：元至元十二年（1275年）赛曲赤命爱鲁开通乌蒙路，遭白水江都掌蛮抵抗，爱鲁暂退；次年，爱鲁大举进攻白水江都掌蛮，都掌蛮战败，元朝在都掌蛮中心地牛街建邮传（传军情、驻兵驿站）。至元十八年（1281年），白水江都掌蛮杀万户忽都反，被爱鲁率军讨平。明宣德二年（1427年），白水江都掌蛮攻占筠连，经都指挥徐淳安抚后退回牛街。宪宗成化三年（1467年），白水江都掌蛮再反，官兵严密防范，未进入筠连。明大一统后，朱元璋还特别以唐军在牛街境内遭袭为历史的借鉴，谆谆告诫各将领：“若唐时阁罗凤亡居大理，唐军追捕，道经芒部诸境（时牛街为大雄甸芒部所属），群蛮聚险设伏，唐将不备遂坠其计，丧师二十万，皆将帅无谋故也。今须预加防闲，严为之备。”朱元璋采取招抚政策，用以夷治夷的办法设土司制，给当地头人封了官，作为朝廷的命官管理这些地区，使这些地区的时局很长一段时期得到稳定。但到明朝后期宦官当权、政治腐败、社会黑暗，豪强地主不断兼并农民的土地，使得民不聊生，白水江都掌蛮再举反明旗帜，其声势一次高过一次，尤以正德年间居住在戈魁（角奎）都掌蛮首领普法恶领导的那次起义为最。

在牛街、角奎一带大量涌进的流民渐成势力，得官府的袒护，在这一

带，大地主兼并土地的事在恶性循环。普法恶夫妻二人以传教为名，啸聚山林，聚集万余人，伺机起事反明。他自命为“天师”，妻子米浪封为“王母”，子阿俊者过封为“弥勒佛”，制作了战旗，颁发了印信。此时，在牛街发生了当地都掌蛮与流民苏衡等人发生土地纷争之事，屡告官，官府却偏袒流民一方。牛街都掌蛮已仇怨冲天，普法恶趁机起事攻打筠连。

正德十年（1515 年）十二月，普法恶率起义军向筠连进发，一路风行，不断有人加入，到牛街义军已发展到数万人，以牛街为大本营，向筠连挺进。义军势如破竹、所向披靡，很快就打到筠连县城附近。朝野震惊，朝廷急派重兵进剿。命四川巡抚马昊、总兵吴坤为统帅，又调马湖、巴西、新县、通县、达县、荣县等民团兵数万人参战。官军久攻不下，截断义军水道、粮道，义军在缺水、缺粮的窘境下，营寨很快被攻破，大部义军战死。普法恶带着人马冲杀出来，途中队伍被打散，普法恶只身逃到涪州，正德十一年（1516 年）十月二十一日，在涪州被乡勇皮帮兴捕获，送官府凌迟处死。可叹一世枭雄，落得悲惨下场。

普法恶败亡后，其子阿俊者过据险与官军殊死作战，战况惨烈，正德十二年（1517 年）三月，阿俊者过与坚守阵地的义军誓不投降，全部战死。阿俊者过战死后，众推阿尚为首领（《明史》又作阿又桑），带领义军坚持作战，这时已是孤军一支，无力对抗强大的官军，阿尚被招降，轰轰烈烈的一场大起义暂告平息。

树欲静而风不止，往往农民起义的火星都是官逼民反点燃。战后，官军在白水江一带清丈土地，凡参加起义者一律不给土地，并剥夺其家中财物。这些地区成了立功将士及团练首领的争夺地，农民再陷水深火热中。就在这时，已降的阿尚被官府所杀，更激起民愤。原参加义军的一个叫谢文义的将领在作战中挑去官军杜琮的头盔，杜险些丧命，这时杜琮新任白水江留守（驻防牛街），他要报“夺盔”之仇，四处张榜缉拿谢文义。谢文义走投无路，振臂一呼，四方响应，再造义军。正德十二年（1517年）腊月，在谢文义领导下，以牛街为中心，再次爆发了大起义。起义影响到都掌蛮居住的大片地区，史书载：“自黎雅以西，大番皆相继乱。”起义军顺利攻下筠连县城，并以筠连为中心，向四周发展，其声势超过了前者。再次震惊朝廷，朝廷命兵备田荆统领云南、四川两省重兵进剿。义军抱着必死的决心战斗，与官军殊死相拼，官军伤亡惨重，终因敌强我弱、寡不敌众，首领谢文义战死，大起义失败。这次官军采取“战者亦杀，降者亦杀”，大开杀戒，仅大井寨一役，就被官兵斩杀三千余人，跳崖、溺水死者不计其数。

这次大起义的失败，也给起义地区的农民带来大的灾难。皇帝下令“杀无赦”，在这些地区开始了惨无人道的大屠杀，男亦杀，女亦杀，老亦杀，幼亦杀，斩草除根，不留隐患，血洗了这片土地。这是历史上罕见的对无辜平民百姓的一次滥杀。这些地区的僰人，不是被诸葛亮用计收了，而是遭朝廷官兵血腥的屠杀几乎被杀光。史书记载：白水江一带，昔日为繁华之地，这时已是“年间无居民，坝中少见禾稼”。这次大起义涉及的地区广，不仅牛街，包括过去僰道大部僰人地区的都掌蛮都遭屠杀。为防死灰复燃，加强这一地区的控制，正德十五年（1520年）明朝在白水江牛街设籁酬长官司（治所今牛街果稠村衙门坪社），辖白哈坝、晏家坪、么故坝、孔雀溪四巡检司，其地域范围广，这时的牛街已形成一个小县份的行政区划。随后，又将高县升格为州，控制筠连、珙县等地区。

这个民族被杀的杀、逃的逃，恐遭灭九族，便隐族埋姓，四面八方分散，畏于政令，谁也不敢暴露身份，恐遭杀身之祸，更不敢行悬棺的风俗葬礼。以后，都掌蛮这个名称也再未出现。不敢断言，僰人的消失与那次大屠杀相关，但从历史的影子中，也可看得出些端倪。彝良牛街一带是古僰人的原生地，数百年后改称“都掌蛮”，他们的一切社会活动，都与古僰人有着不可分割的历史渊源。彝良是古僰人的故居，兴在这里，亡亦在这里。

漫步奎香话古城

彝良过去的县治所在地是奎香，昔称奎乡。奎香数百年间是彝族土司的府第，当时没有形成规模的建筑，土司住地即是官署。奎香古城多庙，金碧辉煌，烟火不绝，是奎香最亮丽的景点。直至清末至民国年间，这些古庙都残存着。

昔日旧县城，今日民族乡

奎香古城，早已飘逸而去，而那断墙残垣，却给人们留下许多追忆。奎香古城一去不复存，但它仍飘拂在历史的天空，残留在这块深沉的土地上。

彝良过去的县治所在地是奎香，昔称奎乡。奎香数百年间都是彝族土司的府第，当时没有形成规模的建筑，土司住地即是官署。清雍正五年（1727 年）清政府在乌蒙（昭通）地区实行“改土归流”，废除土司制度，由朝廷委派官员取代之（史称流官），并在彝良设州同，为一个县级行政机构的雏形，属镇雄州所辖。当时首任镇雄知州崔乃镛着手在州、县建衙署，修城池，由于政局动乱，没有成行。“改土归流”夺去了当地土司、土目的权力，使之心怀不满。雍正八年（1730 年）八月，昭通、东川及贵州威宁等地彝民联合反抗清政府的“改土归流”，云贵总督鄂尔泰领兵对彝民的反抗进行血腥的镇压。将近一年的时间，战事始平。雍正九年（1731 年），镇雄知州李至开始规划在州、县建城。时任彝良州同徐炳（浙江钱塘县人），积极筹划，并开始在奎香建衙署。当时

奎香长征纪念碑广场

废旧立新，衙署不能建旧土司宅地，必另选址建。经八卦测定，在奎香坝子择了一块福地建衙署。由于资金缺乏，只得暂建木房当作衙署。为了防护，徐炳后任官员才添修了土城墙。《镇雄州志》载："彝良城（奎香）在州治（镇雄）西二百八十里，地极险峻，为昭（通）镇（雄）咽喉，改土时择平壤暂立木城、旋筑土城，开南北二门。"数十年间，历任州同不断补建，州同衙署已建成规模，奎乡城墙改用大石块做墙基，用厚土筑成墙。内建州同署：大门三间、照壁一座、栅门两座、仪门三间；大堂三间，书吏房六间；两堂三间，厢房各两间；内堂三间，厢房各三间，厨房三间，马房三间。守备署：大门一间，照壁一间，仪门一座三间，外厢房各三间；内堂三间，外厢房各三间；箭厅三间，厨房三间，马房三间。奎香古城日臻完善，到乾隆二十九年（1764 年）州同汪浩存（安徽人），动用大的工程，在城的南面，扩建开发，建了南楼（南城）。他建南楼的初衷是："彝良为镇雄州西面的极边，早年是土目居住地，雍正八年（1730 年）平息彝民反抗后，派官历任分防县治，初建城时用木栅作防范，经苏州的顾某上任改用土筑城墙，城区仅二里地，都是顾公出俸禄所建，到如今已 40 余年。城南面居民较多，后山接壤威宁，土匪无时不进城进行骚扰、偷抢，虽予严惩，其行迹不灭，也不是长远之计。我在任之时，常为此而

彝良黑山羊

忧。”接着他就开始了建南城的大工程，无资金来源，他便向当地有钱户求捐，自己捐出所积俸银，还向当地富户借贷，将原来的城墙延伸，一直到南面的山脚，又在南面开城门，称“小南门”。在城墙上建楼房，称“南楼”，仿武昌“南楼”之意，内供奉文昌帝君塑像。楼建成，四季鸟语花香，登楼一望，心旷神怡，为民做了这件大事，汪浩存感慨万千。“古人有先天下之忧而忧，后天下之乐而乐者，自己耗时耗力所建南楼，修建城墙不过二百余丈，建楼房不过一间，我所捐只不过是数月养廉银，且工程时间不长，也不累民，此义举虽小，而为民受益之广矣！有幸来到该地为官是我的荣誉，我何不在任之时为民造福一时。”一日，邀友登南楼，饮酒作诗，把酒临风，喜气洋洋，狂歌一首。诗云：

昔者南楼镇武昌，而今南楼守彝良。
武昌峡口列龟蛇，彝良地轴衔凤凰。
龟伏蛇行拱元帝，凤飞凰舞朝文昌。
名公会沥一杯酒，十分春色洒潇湘。
小子借泼半池墨，四时清气染奎乡。

宋家碉楼

湘有斑竹沅有芷，忠孝节烈流芬芳。
乡有高松城有柳，农工商贾生书香。
约约拯拯永安堵，翚飞鸟革瞻康庄。
穆穆圣容骑白马，飘飘云树凝肃霜。
邀邀西极来山阁，汲引后进登朝堂。
纵然三载有遗躅，不愿人云庚复汪。

南楼建成后，远处居民搬迁入城，尤以南片为商贸集中地，奎香一时热闹繁华起来。

历任州同，为官一方，都愿为民办点实事、留点政声。乾隆三十九年（1774 年），州同蒋肇壑（广东人），在奎香城用自己的俸银捐建奎垣书院，并置以租金供穷童生攻读，之后又建义学，在奎香大兴文蔚之风。

奎香古城多庙，金碧辉煌，烟火不绝，是奎香最亮丽的景点，直至民国年间，这些古庙都残存着。记忆犹新，老年人能如数家珍把它们数出来。文官衙门在今奎香粮所所在地，原来有照壁矗立，前有护门；文庙在衙门的右边，后为奎香乡政府驻地，在进门的地方竖有“文武官员至此下马”的石碑，庄严肃穆，令人油然起敬。其规模大，占

地面积也大，民国初年，把文庙改为小学校。文庙前右方是江西庙，大门外有两个高大的石狮子，内设有戏台，奎香祖籍江西人很多，庙会挺热闹；湖广庙在江西庙的右面，内供大禹王；川主庙供二郎神；武庙在川主庙右边，殿上供的是关圣人；城隍庙后被掀倒建成校舍。武庙、城隍庙，地方文武官员每年春秋两季要举行祭祀。每逢久旱不雨，农民要抬城隍游街，祈求老天降雨；西门建有岑公生祠，旁边是武官衙门，再接着是三司衙门，南楼有赫神庙。各庙宇间布满了诗词楹联，给奎香带来浓浓的文化韵味。

乾隆盛世的辉煌过去，奎香古城开始走向衰竭，战乱连生，给奎香人民带来无尽的灾难。从咸丰八九年至同治年间，昭通境内先后爆发了李永和、蓝朝鼎领导的农民大起义及邻边威宁猪拱箐陶三春领导的苗民大起义。接着太平军石达开部过境，这些战乱破坏性都很大，奎香古城几番遭攻打，城墙塌倒，房屋遭火毁，人民四处逃散，逃过一劫又一劫。接着威宁股匪又趁机抢劫，多灾多难的奎香人民处在水深火热中。同治五年（1866 年）五月，官保岑毓英统兵进剿陶三春义军，是年六月驻扎彝良奎香，见奎香古城有重要的战略意义，是扼守昭通西南的要塞，即令地方官员修复奎香古城，建牢固的城墙。以大石条砌为城，小石和泥为城垣，城墙四围二百八十二丈，垛口四百八十堵，开南、北、西三门。城楼房三座，炮台五座，留兵镇守以通军路。奎香古城重现春晖，人民始得安宁。至光绪五年（1879 年），城墙经多年风雨剥蚀，多处坍塌，州同曹经帮（贵州正安县人）进行了一些修复工程，但始终未从根基上改变奎香古城的状况，到光绪末年，已是墙倒屋摧，奎香古城处在风雨飘摇中。

屋漏偏遭连夜雨，船漏又遇浪头风，岌岌可危的古城，兵单力薄，威宁股匪不断侵犯、大肆抢掠，人民深受其害，加之缺水缺粮，人民生存艰难。奎香也不是一个适合中等县份的治所，官吏们屡向朝廷上奏，要求选址重建彝良县署。清光绪三十四年（1908 年），经云贵总督锡良奏准，升镇雄州为直隶州，改夷良州同为彝良县，并获准彝良建新城。宣统二年（1910 年），首任知事吕声文将县治所迁到角奎。从夷良州同到彝良县，彝良治所在奎香历时 181 年。

县治所迁走后，奎香冷落了，没有了昔日的风光和繁华，宁静地守望在大黑山下。从民国年代开始，奎香一直是彝良县的区、乡、镇辖区。1988 年的区乡体制改革，将碗厂、树林、管坝、林口划出组成树林乡。今天的奎香范围已缩小，仅辖奎阳、吉塘、安乐、黑拉、仙马、松林、坪地、寸田 8 个村。时过境迁，谁还知晓这里曾是繁华的闹市，在这 180 多年历史变迁的沧桑年轮中，奎香经受着多少风云变幻。奎香在高山之巅，让人仰止，它的泥土，深深埋藏着这古城的历史。

黄葛树下建县衙

ZHAOTONG

角奎像一张泛黄的老照片，在人们心中展现出她的模样。她似一页亮煌煌的史书，像一方天造地设的景观，如一段婉约的乐曲。当听说“角奎”二字分别来源于天上两颗星宿的名字时，我们不禁为角奎先民们大胆而丰富的想象所震撼。在这样一个偏僻的地方，怎么会从这沟那坎的地名中，生长出这样一个富有诗意的地名?不管它是转注、引申或是音译，这神奇的地名都是那样令人信服，让人叫绝。

彝良县政府大院内，有一棵上千年的黄葛古树，根深叶茂，遮天蔽日，像把大伞，整个大院都在它的掩映中。它经受着千百年的风雨剥蚀，经久而不衰竭，像一位历史老人，见证着彝良的千百年沧桑，讲述着一个又一个神话般的动人故事。

百年前，彝良的县治并不在角奎，而在奎香古城。奎香古城建于清雍正年间，久经风雨剥蚀，墙倒屋摧，岌岌可危。在后期，匪盗横行，人民多遭劫难，而地处边陲，缺水缺粮，昔日繁华的古城，已残阳西照，落得炊烟稀少，人流物流枯竭。奎香古城，像一个生命垂危的老人，残喘着，已不适为一个中等县的中心地。多有县知事向上禀报，要延续彝良县治所的生命，只有另辟新地建署，朝廷准奏，同意出资建彝良新城。可是几任县官像走马灯似的过去，总找不到合适的建署地址。

清光绪三十四年（1908 年），彝良改州同正式成立分治县，为中等县份。也在这体制改革时期，来了个新任县知事吕声文。这吕声文本是五品官职，在清末由于官多职少，这五品官就委屈地当了一名七品芝麻官。这吕声文，官不在小，心中有民则灵，上任伊始，摆在他面前的头等大事就是选址建彝良新衙署。

四月的春天，风和日丽，四野鸟语花香，他乔装打扮，轻车简出，带着几个随从，来到一个叫戈魁渡的地方。上了渡船，问艄公，此地何名，答曰：“戈魁河也，过去僰人居住之地。”过得河来，是一片河滩地，稀稀疏疏有几十户人家。这时肚内饥肠辘辘，见一户人家烙米粑卖，问此为何物，答曰：“戈魁粑。”便买来充饥，香甜可口，当日住店歇下。次日清晨，随从一行四人，在戈魁四周察看地形，走到河滩上的一高地（今县一中所在地鲁家坪），登高远望，这戈魁的一切风光尽收眼底。见河边的一棵黄葛树，郁郁葱葱，在朝阳辉映下，生机勃勃。吕声文脸露喜色，心中有了数。问旁边观看的好奇者：“黄葛树下是何地？”答曰：“该地为草坝，亦称猪场，是逢集市日四乡卖猪的一个场地。”吕声文拿出罗盘测试，东西南北中四处探测，指针一时就定格在黄葛树下。吕声文连连

800余年的大叶榕（俗名黄葛树）

800 余年的大叶榕

称善，一锤定音，县衙署就建在黄葛树下。吕声文选择县治落地戈魁，有他深刻的道理。戈魁三面临水、四周靠山，是易守难攻的军事要地，可抵御外扰，防范匪患；从地理位置讲，上接昭通府，有事就近请示，遇有重大兵事，援兵能及时赶到；邻边大关、盐津，是彝良的保护屏障；下有牛街知事分防，与富庶之四川毗邻，交通、物流方便。戈魁水源丰富，改善民生，更不用愁。

方案既定，于宣统元年（1909 年）二月破土动工，省巡抚库银拨款三千两银，地方捐了一部分，吕声文还捐出一年的养廉银。为了保证建署质量，吕声文整日在工地监工，解决施工中的困难，不到一年时间，在黄葛树下修了衙署、兵营、监狱。衙署乃仿古制，按中等县级别修建，与奎香古城的规模同。有大门、栅门、仪门；大堂三间，书吏房六间；二堂三间，厢房各两间；内堂三间，厢房各三间；厨房三间，马房三间。因资金不足，仓库、防营等尚未修建。其范围大致包括今天的县政府大院、公安局、人武部。公安局外搭建了一些简易房作为兵营。因资金缺乏，未修城墙，这也是少见的无墙的“城”。宣统二年（1910 年）五月修建完工，当年县治即由奎香搬迁戈魁。戈魁，是古代僰人居住地，其地名来源也是僰人语。吕声文觉得此名不佳，特别“魁”字中有个“鬼”字，有点刺眼，有很大的忌讳。吕声文将本义不佳的戈魁，取“角木胶，奎木狼”二星宿首字，定名“角奎”，音谐意美，既不失戈魁之谐音，又有吉祥之意。“角奎”，一直喊至今日，不变音，不走调。

衙署建成，远近百姓都搬到县署周围居住，一时人口增多，修了几条街道建集市，经商者络绎不绝，一座新城就这样崛起，角奎成了繁华热闹的市区。后又在角奎建文庙，建义学，这吕声文一年之间就在彝良县内办了六所学校，大兴文蔚之风。现在一提起这吕官（人们口语常说成“女”官），口碑甚佳，他清正廉洁，刚直不阿，爱民如子。他在彝良前后任职八年，任职期间真正做到“夜不闭门，道不拾遗”。离任之时，街民含泪远送。

斯人早逝，政绩长存。他建的衙署，是后来历任政府机关的驻地。经历了几个朝代变迁，从清朝到民国的变革，民国到中华人民共和国的交替。民国彝良政府在旧署住了近 40 年（到 1950 年 4 月彝良解放止），中华人民共和国成立后，彝良县人民政府在旧署住了近半个世纪（而今人们仍称“黄葛树下”，暗喻政府机关）。在百年历史沧桑中，对彝良的政治、经济、文化

诸方面产生了重大的影响。直到 20 世纪 90 年代中期，旧衙署才被全部拆除，在原址重建政府办公大楼。原来的面目已不复存在，但那棵千年的老黄葛树，还在见证着历史的过去和现在。壮哉彝良！美哉角奎！吕声文建角奎县城功在千秋。

角奎像一张泛黄的老照片，在人们心中展现出她的模样。她似一页亮煌煌的史书，像一方天造地设的景观，如一段婉约的乐曲。当听说“角奎”二字分别来源于天上两颗星宿的名字时，我们不禁为角奎先民们大胆而丰富的想象所震撼。在这样一个偏僻的地方，怎么会从这沟那坎的地名中，生长出这样一个富有诗意的地名？不管它是转注、引申或是音译，这神奇的地名都是那样令人信服、让人叫绝。初识角奎，是从她那厚重的历史开始的。当地文物库房中的“青铜钫”“铁釜”“环首刀”“石砚”“汉砖”“五铢钱”，还有那横跨三个世纪的矿

彝良县城一角

治史。这一个个确凿的佐证，像一滴滴水珠在漫漫的历史长河中泛起阵阵涟漪。它们在阳光的映照下，是多么的耀眼，多么的辉煌，再也不是一个小小的历史事件一样普通、一样卑微。方圆不过两里地的角奎，经过人们千百年精心的打扮后，已经出落得十分秀丽。老鹰山、哨营梁子、漆树梁子，在拥挤的群山前都放慢了脚步，给角奎一片充裕的空间；洛泽河、发达河、小米溪，也不约而同地在这里多了些停留的时间，给角奎堆积了更多的面积。提起角奎，谁都会被城边那三条河水的柔情所折服。不管是冬天还是春天，洛泽河畔那几棵古老的榕树，总是在碧绿的水面精心地装扮着自己。蟠虬的树枝，晃动着潺潺的流水，让鱼儿欢畅地游玩嬉戏。即使是风平浪静的时候，那些倒映在水面的枝叶，也会给水里的生灵搭建一个个温暖的巢穴，让它们没有了恐慌，受到惊吓时有个地方可以躲避。夏日的发达河，常常被游玩戏水的人们激发出无穷的魅力。河滩上，成片的鹅卵石，没有一块因为反复的冲刷和砥砺而有丝毫的疲惫。这些没有金沙江奇石纹理和神韵的石块，却坦然地找寻到自己的位置，让这里的河滩显得更加平和，更加真实。在摩肩接踵的人群中，谁也不会在意什么“仁者乐山，智者乐水”，倒是他们谁都能真切地认识到“有炎热就有清凉，有严冬就有暖意”。

第二章
古道沧桑

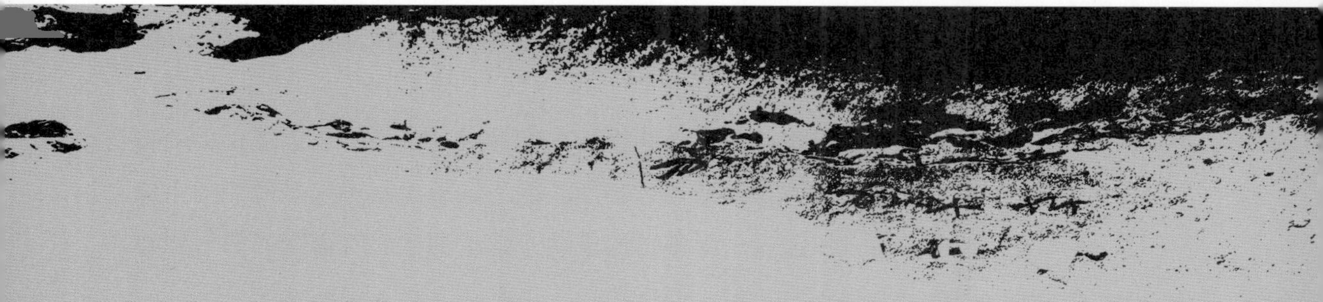

多少年来，白水江两岸的人们都对这条从千年古镇牛街的脚背上流过的大河充满敬畏和感恩。因为这条大河不仅是他们的生命之水，而且还通过永生不息的流动，带给他们战胜命运的勇气和存在意义的启示。

风情万种白水江

ZHAOTONG

白水江是一支传唱多年的民歌，从贵州省赫章县一个叫毛姑的地方发芽，滋润树叶和花朵，养育英雄与梦想。温柔宁静的白水江，选择没有天空的道路流浪，从洛旺、柳溪、牛街的怀里流入盐津县，变成横江和长江。白水江有时高深莫测，只有在大山后退的地方，石头和鱼才露出水的表面。它有时一马平川，形成自己的流派，有时落入峡谷，发出狼嚎般的涛声。白水江的伟大在于任何人的脚都不能在它的上面留下足迹。

多少年来，白水江两岸的人们都对这条从千年古镇牛街的脚背上流过的大河充满敬畏和感恩。因为这条大河不仅是他们的生命之水，而且还通过永生不息的流动，带给他们战胜命运的勇气和存在意义的启示。

白水江是一支传唱多年的民歌，从贵州省赫章县一个叫毛姑的地方发芽，滋润树叶和花朵，养育英雄与梦想。温柔宁静的白水江，选择没有天空的道路流浪，从洛旺、柳溪、牛街的怀里流入盐津县，变成横江和长江。白水江有时高深莫测，只有在大山后退的地方，石头和鱼才露出水的表面。它有时一马平川，形成自己的流派，有时落入峡谷，发出狼嚎般的涛声。白水江的伟大在于任何人的脚都不能在它的上面留下足迹。

白水江两岸，居住着一种被称为白苗的苗族，女性大都着青或蓝色的上衣，穿百褶裙，头包青帕，胸系围腰，颈部悬垂许多蜡染手帕和自织花布。这个择水而居的民族，对白水江的热爱和感激，已成为这个民族存在的一种方式。对于认为“万物有灵”的苗族来说，白水江是圣洁而透明的。花山节作为他们最盛大的节日，在这里是正月初一至十五举行。他们在花场跳芦笙舞、对歌、摔跤、斗牛、骑马、射箭、穿衣绩麻，收获的是一种平等、欢乐和祥和。伟大的河流意味着一种文化。白水江以不同的方式展示出独特的文化景观和川滇风情。这条河流不仅造福于江边各民族人民，而且是他们精神的归宿。牛街镇，这个规模仅次于彝良县城的北大门，是线装的古籍，整齐、典雅，还带石刻的插图。早在明正德十六年（1521 年），就在牛街果稠设白水江簸酬长官司。现在还可以凭吊的是清乾隆四十九年（1784 年）建造的牛街衙署的围墙残垣和建署碑刻。在甘家坝，有一座饱经沧桑的石拱桥，弓起道光年间的脊背。牛街文化与白水江有一种密不可分的联系，如民国三十五年（1946 年）创办的《牛街旬刊》就刊有广告。在牛街木瓜树，安葬着艺术大师陈守仁的骨灰。从墓碑上了解是徒劳的，上面只有“滇东北陈守仁墓”7 个字。陈守仁不是牛街人，但他在牛街长大，并且

永远同白水江连在一起。这位能书善画精于微雕的艺术大师，其微雕作品精雕细刻、无可挑剔。有民国二十五年（1936 年）的《中央日报》作证："陈守仁之牙雕中山先生像……惟神情毕肖……全像乃细刻《兴中会宣言》等文字组成。全像记一万二千四百多字。字体细小，有如针头，用一百倍放大镜视之方显。字迹分明而劲秀。观者以为'神技'。"也许是白水江能容纳百川之流和它的博大与深厚，陈守仁在昆明病故后，家人仍遵其遗愿将骨灰护送回牛街安葬。

牛街紧挨四川，受四川文化的影响和潜移默化，牛街文化因此受益。

牛街古镇全景

牛街的民居、茶馆、饮食、艺术、方言都带有浓浓的川味。清乾隆中期，牛街城隍庙经常演川戏，并从四川学到了一种由巫师跳神的端公戏。逢年过节，牛街也像四川人一样舞龙灯、狮灯、车灯、牛灯、猪灯。牛街、柳溪、洛旺人还将智慧表现在文化的层面上，中耕夏锄时，他们有劳动的音乐——打鼓草。因为白水江流入四川，所以牛街比较开放，人很聪明，姑娘也长得漂亮，做生意也比彝良别的地方早，而且做得活。诗人雷平阳谈起牛街就眉飞色舞。他说有一年他跑到牛街古镇，让他吃惊的是《牛街镇志》的打印稿，由于牛街人不借给他，他只好摘抄了牛街的一鳞半爪。他说，昆明西山的“龙门”两个字，是一个姓毛的牛街人写的。他还说，从前有一个牛街人，把两个女儿送到英国留学，带回了洋玩意斗牛赛。

河流是天然的道路。在没有桥梁的年代，人们渡河的工具主要是竹筏。在今天，白水江上的竹筏仍是一道诱人的风景。从此岸到彼岸，白水江上撑竹筏的村妇，像鼓满风的蓝帆，丰腴地立在船头，用与四川相似的云南方言，唱起优美得走了调的白水江情歌，或者把李伯清式的散打评书，撒进江里。白水江是彝良唯一的一条通航的水路，直到1968年通公路后白水江上才消失了船影。始建于1936年的牛街马鞍山铁索桥是彝良最早架设的一座铁索桥，像彩虹一样飞越激流，不知驮运过多少商队和马帮。直到今天，白水江上还有7座铁索桥。对河流的征服是为了文明的进步。当白水江上建起好几座石拱的或者钢筋水泥的大桥时，人们正沿着河流进行贸易活动。牛街，是一个商贾云集的据点。

白水江日夜奔流，哺育过无数英雄。川南游击队于20世纪30年代抵达白水江上游，用大刀、长矛、火药枪写下了英雄的传奇故事。1947 年，共产党的一个支部就建立在柳溪的桐梓林，点燃了中国革命在彝良的星星之火。牛街的周家寿是白水江哺育的一名抗日英雄。这位当过黄埔军校干训班军事教官的牛街好汉，在战火中东拼西杀，曾用驳壳枪与小鬼子做过最后的死拼，从死人堆里爬出后一直打到日本投降。以纯正的孤独和正义的面孔，英雄早已使语言的锋刃翻卷。王家松是 1964 年从牛街走出去的铁路工人。1966 年 7 月 29 日，他发现三名工人推着单轨车与一列火车相遇。王家松飞奔而上，以力拔山兮气盖世的勇气将即将与火车相撞的单轨车推出轨道而壮

彝良柳溪乡上的村寨

烈牺牲，被铁道部命名为“欧阳海式的铁路工人”。

在秀丽的白水江两岸，埋葬着丰富的煤，仅牛街年产就达 8700 多吨。乡镇企业、个体私营企业遍地生长。这里还盛产柑橘、茶叶。白水江里还有被称为“娃娃鱼”的大鲵，是国家二级保护动物。白水江边的餐馆里，有新鲜生动的鲢鱼，睡到食客的盘子里。在白水江上游，有全国独有的连片天然毛竹林，有小熊猫，还有杨成武将军题写校名的全国第三所“手拉手”希望小学。

宁静已经被撕开，道路正在开通。白水江畔的今天正成为创业者的乐园。江边各民族作为英雄或普通劳动者，热爱生活、劳动、创造、开发、收获。他们的梦想，总有一天会像他们所希望的那样，来到永生的白水江流过的大地上。

有着1600多年历史的牛街古镇，地处滇川边界，“拉不完的昭通货”在这里集中，“填不完的叙府城”从这里启运，是云南入川的要冲。在这里，能充分体验到“上云南、下四川”的奇特地理现象，感受到巴蜀文化与古滇文化交相辉映的历史和风情。

2005年8月，县委、县政府邀请一群中国作家走彝良，感受最深的除了小草坝，就是牛街古镇风情。始建于东汉时期的牛街古镇，保留较好的明、清时期所建民居还有400多间，其中名院豪宅还有6处，中西交融的四合院两处，其建筑风格迥异，工艺精湛且有文化韵味。刘醒龙一边观看，一边向老人们打听当年牛街马帮的传说。徐坤惊叹：“真没想到，牛街古镇的民居民俗如此独特！”他们踩着青石板，走进古老的四合院，与老人们拉家常，与娃娃们合影，与手提鸟笼的男子合影，然后坐在他们中间拉家常。到了一幢很高的建筑前，舒婷听说那是过去的花楼，兴冲冲地上到最顶层从窗口里往外摇扇子。刘醒龙经过一个小摊前，买了两只姑娘扎辫子用的橡皮筋。徐坤动情地说：“这几天我们都在崇山峻岭中穿行，看的都是自然风光，一脚踏进牛街，就踏进了有文化氛围的地方。”刘醒龙说：“我想打捞散落在民间的历史碎片，而牛街是我写完长篇《圣天门口》后到民间采风的第一站，我很兴奋，走在牛街过去的茶马古镇，真的听到了历史脚步的回音。”他还说：“彝良是水做的，有水的朴实、温情、纯洁和水的坚忍不拔、百折不挠。”舒婷在这次采风活动中，可以不厌其烦地配合大家合影，给人签名，倾听彝良的小姑娘诉说感情困惑并耐心地开导，但却坚持不与大家围着篝火跳舞，不接受记者采访，使人想起伊沙对她的形容：“大姐仿佛女巫 / 带来虚无的气氛。”看了牛街古镇，她太激动了，第一次破例接受了彝良电视台记者的采访。她说：“在云南这么一个偏僻的地方，想不到还保存着这么古老的文化和历史。走在牛街的街上，我们能够感受到历史发展的进程。我们在这里真想留一点时光，好想也能跟时光一样静止在这样一个千年古镇。”

自牛街建署后，商贾通行，一时成为繁华集镇，外籍人口不断迁来居住，尤其是四川人居多，因此牛街文化与巴蜀文化血脉相连。

牛街人建会馆、修庙宇，大兴文蔚之风。金碧辉煌的庙宇，不仅是牛街风光的亮点，更是牛街文化发达的一个象征。庙宇中布满了名人诗画，与神共舞。乾隆四十八年（1783年）至清末，牛街较大的庙宇有“万寿宫”（江西会馆）、“南华宫”（两广会馆）、“惠珉宫”（四川会馆）、“城隍庙”（五省会馆）、“上观音堂”、“下关音堂”、“财神堂”、“杨泗庙”、“老君庙”、“万善堂”、“武圣宫”、“文昌宫”等，庙内诗联林立，每座庙内都不失名言佳句。建于乾隆四十八年（1783年）的万寿宫是最大的一座庙宇，1936年在内设立“云南省彝良简易师范学校”，续后办牛街中学。庙内其中一联：“铁柱砥中流，锁定蛟龙安白水；金丹传妙药，济成鸡犬上青天。”写出了让神仙保牛街人安康的意愿。庙宇文化，把牛街诗联推向一个高度。还有一些不敢登大雅之堂的小作也在一些小庙出现，不仅文人作联，市井小民也作联。有一些小庙里曾出现许多诙谐、幽默的对联。在土地庙里，有这样几副对联：“敬我二老者，赏你一发财。”“公公问哪里在放炮，婆婆笑他们要过年。”“世态炎凉还有两三根香烛，人情冷暖并无小半截刀头（猪肉）。”牛街麻园头，民国年间供奉土地庙，安神奠土时有人写了一个“麻园土地内宫瑞庆夫人”的神主位牌，时隔不久，有人在旁边写了一首打油诗：“麻园土地不尽情，刁拐瑞庆做夫人；长生土地知道了，叫你土地做不成。”讽喻写牌位者连最起码的知识瑞庆是镇宅长生土地的夫人都不懂，一时传为笑谈。今庙宇皆毁，但庙宇文化数百年的影响在牛街人心中深深扎下根。穿越时空，汉晋唐宋，据有可考。紫烟护柳林，桃花识去路。

牛街名庙有十四：万寿宫、南华宫、禹王宫、惠珉宫、上观音堂、下观音堂、财神庙、杨泗庙、老君庙、万寿堂、武圣堂、文昌宫、岑宫祠和城隍庙。祠、宫、堂皆属庙，且是庙庙有联。庙门妙对，庙宇

生辉。

万寿宫，亦称“江西会馆”。位于牛街三街，坐南向北。建于清乾隆四十八年（1783 年）。庙中有殿，殿殿有联，庙联合璧，蓬荜生辉。踏浪白水，心怡青山，梦幻仙境，联以蔽之。“解脱尘凡，九野可容鸡犬；飞身洞府，一家都是神仙。”“古事见今朝，过去今朝皆古事；虚华当实景，后来实景亦虚华。”更有一联，巧取先后天八卦五行生扶，木生火而通明，光艳华夏：“位镇南离，大焕文明之色；时当朱夏，职师长养之功。”神者，康公殿。相传：此人为官清廉、爱民如子，死后经常显灵。一次，土匪夜攻州城，忽然看见城墙垛上出现“康”字灯笼，土匪悄然而退。为纪念康公，书联：“与百姓有缘才来此地，期寸心无愧不鄙斯民。”

南华宫，始建于清乾隆年间，为广东人所建，称“广东会馆”。有联由近及远，由远及近：“黑山桂林香远，白水梅岭春光。”

禹王宫有联调侃戏曲：“布武修文宛然经济，嬉笑怒骂俱是文章。”

惠珉宫即王爷庙、川王庙，坐落于三街。其赋春花秋月：“春风常伴花枝暖，夜月不惊玉兔寒。”“崒峰巍峨，山色朝东添爽气；汪洋澎湃，河涛夜静迓元音。”“赤胆忠心，使天下名臣千秋魄动；黑山白水，招人间雅士万古神驰。”

上下观音堂坐落于二街，建于光绪年间。观音托瓶飘然而来：“香烟青锁瓶中柳，灯影红浮座上莲。” 其内有睡佛，长眠不语，悠然自乐：“暮鼓晨钟惊醒世间名利客，经身佛号唤回苦海梦迷人。”

财神庙坐落于桂花林的半坡。民国初年，有人书联云：“手上只有铜圆，你也求，他也求，未知给谁最好？心中无半点事，朝来拜，暮来拜，究竟为何理由。”

武圣宫在南厂花园，面临白水江，始建于乾隆末年。正殿匾书“大丈夫”三字，隔河可见。“先武穆而患大汉千古大宋千古，后文宣而圣山东一人山西一人。”院内种有紫荆和桂花，左右墙横书八字：“威震华夏，志在春秋。”

文昌宫又叫文庙，坐落于牛街小河沟。无文则废，有文则兴：

“具千百年法眼看破古往今来英雄豪杰大富贵原非命真造化不论文无一点丹心未许夸谈将相，现九十八化身历尽人世间显晦升沉老头巾莫怨天狂后生休使气但裕六经实学自然垂手功名。”“现一十七世宰官身未尝虐民酷吏，启亿万斯年文明化端赖识字读书。”

城隍庙为五省会馆，坐落于牛街小河沟，坐南向北，始建于光绪年间。戏楼戏语：“演离合悲欢当代岂无前代事，观抑扬褒贬座中常有戏中人。”凉亭柱上有人更直接：“和尚过河手执荷花何处去，道人作盗身抱稻草到庙来。”

文化，是中华民族的精、气、神。牛街钟灵毓秀，地灵人杰。文化多元，底蕴深厚。沉浸书山学海，看白水悠悠，铭文明千古。

乾隆年间，牛街建分防县治，首任知事龚国用是个诗迷，常以诗会友。赵州人王铬，时任镇雄州学正（相当于教育局长），与龚国用交情甚厚，常与龚唱和，常到牛街做客，写牛街的诗颇多。他的诗点缀了牛街的山川秀景，写尽了牛街的风物人情。因龚国用原官职是参军，名号铁萧，故诗中常提到龚铁萧参军。他的诗读来朗朗上口、如歌如泣，写牛街的泉水《题中泉》，写牛街农民在秋季打竹笋的情景《老林·在牛街·属秋间笋》，写牛街春忙时的耕作《耕籍有感》，写牛街的秋日阴雨《和铁萧参军秋日积阴二首》，写从牛街到柳溪的一路风光《和龚铁萧参军过柳溪道中喜晴》。写陡峭的马鞍山《和铁萧参军过马鞍山》，写牛街衙署后的骤云崖《骤云崖》等。一首诗就是一幅水墨山水画，牛街就在画廊中。脍炙人口的《牛街白水江歌》传唱数百年，写了牛街的山川秀景，“日中为市羊易牛”的牛街集市，江中漂泊的竹筏、船只及江边洗衣的妇女，白水江鱼的美味，“异鱼闻四脚”的娃娃鱼——真为千古绝唱。龚国用知识渊博，牛街衙署刚建成，镇雄知州就把编纂《镇雄州志》的重任交给他。他辛苦劳作，完成了这部文化巨著《镇雄州志》，内容包括镇雄、彝良、威信三地的首部志书，这是传承千古的不朽之作。修志中，他亲赴东川请了一个叫曹则古的文笔高手来纂写。这曹则古也是个大诗人，留下许多写牛街的不朽诗篇。镇雄隐士王以荣帮助收集志书资料，也留下一些写

诗人舒婷在牛街

牛街的诗篇，其中《奉答勖堂龚参军见属搜补州乘》，写了龚国用写州志时让人佩服的决心及艰苦的劳作。龚国用诗词颇多，已遗失，今存亲笔《牛街建署碑》，文笔犀利，墨迹丰满。可以说，自牛街建署后，领头人牛街府知事龚国用开创了牛街诗风。以后，历任官员都有诗作，光绪年间知事陈其昌，为一介清官，且善诗写文，诗作丰厚，曾有《白云仙影》一首，表面写牛街的景色，最后两句“览胜漫云夸自得，民岩可畏惕当躬”意为当官不要妄自尊大，要时常检点自己，不要违背人民的意愿，要为民躬行。

牛街，纤纤婉约白水，紫烟护柳林；巉溪紫烟峡谷，桃花识去路。墨客赋雅，里人弄潮。其景胜：“黑山桂林香远，白水梅岭春光。”清人王铬著有《老林》《马鞍山》《皱云岩》《和龚铁萧参军柳溪道中喜晴》等文留存青史，翰墨香菲。赋予斯地“两岸猿声啼不住”之意境，与长江三峡媲美。在《老林·在牛街属秋间笋生远商集》篇中，开门见山：“猗猗密于篷，百里不见山。”“烟与

亚凤鸾，澹岩写明月。”墨染峰峦叠嶂，山灵猿鹤鸣。语出冬韵：“霜雪埋�节。”酒祝七贤：“举杯劝弥勒，笑口开如天。”甘贫创业：“晚食馋清贫，箨龙在胸中。发粲成绝伦，尚想惠商贾。”青史黄页：“书生向得隅，到今淇澳篇。”他作《马鞍山》一文云：“只以形呼其山，百仞崎嶙峋，邱垤同一观，行人望，望若不前，赤虬卓午汗雨淋，沙砾溜急十八滩……”“攀援至半山腰，半岩顿人清凉天，大王风起吹衣襟。”轻云生：“缕缕随脚跟……解袍覆躯双涕涟……”其诗如画，人在画中。又《皱云岩》云：“烟塘蹙波春水满，柳绵垒雪东风软。宝镜玙盘畝象梳，宫裙仙飞擘蝶板……造化神秀……漠漠平铺石径斜，石榴溪女来洗花，半缕霖雨周桑麻。”《和龚铁萧参军柳溪道中喜晴》：“山豁破云影，日晴生野香。墙根撑木，杂岩落泉凉，挽鹿村姑健，呼牛蛮角长，笋与应早住，酌酒对沧浪。”知事陈其昌诗题《火石红霞》：“琴

调一曲韵初终，闲步虚堂望远空。夕照影方横岭上，余霞绮正散岩中。水波不动光浮翠，火石频添色艳红。览胜漫云夸自得，民言可畏惕当躬。”又《岩头皱云》曰：“浮云捲大荒……大风吹云合，天地清无滓……直上切梯云，前程九万里。”白水江之牛街，滇川通商口岸，那意境当得“野烟千叠石在水，渔唱一声人过桥”。

牛街武庙每年都要举行春秋两次祭礼，盛况空前，陈知事在任时，每年都拿出银两安排祭典，并举行诗会，四方文人墨客都要在此一试。光绪十二年（1886 年）五月十三日，知事陈其昌主持祭典，外地一文人远游至此，认为牛街这小地方没有诗才，他才高八斗，当众挥毫一联贴于大殿上：“匹马斩颜良河北英雄皆丧胆，单刀会鲁肃江东豪杰尽寒心。”陈知事看了此联，知道他是在卖弄才华，没有新意，是旧联套改，表面大赞其诗联及书法艺术高超，随即挥动毫笔新作一联，叫人贴于大殿上，联云：“果然第一英雄，忠在君臣，义在兄弟，使不忠不义人对此应教愧杀；真个无双豪杰，德兼文武，行兼春秋，惟有德有行都拜焉越显神通。”一贴出，众人拍手称赞，联的意境极深，暗中也讽喻了那名狂生。那狂生当面羞愧，方知天外有天、人中有人。

在牛街，不仅文人能诗善文，武官也不乏诗才。镇雄人傅维新在牛街任千总 12 年，告老回乡，写了在牛街的军旅生活，记述了在牛街捕案犯的一些事件，回镇雄赋闲时，还将自己的诗词整理成文集。光绪末年，牛街最后一任武官是东川人，牛街人叫他杨八老官，他平时不修边幅，衣着不整，与诗酒为伍，饮酒狂歌，常和地方文人一起唱和。后因故被撤官，长住牛街，门庭冷落，穷困潦倒，深感人世炎凉。在门上贴一联云：“想当年有酒有花冬亦暖，思今朝无权无势夏犹寒。”至今传为笑谈。

牛街酒肆茶楼甚多，布满了名人诗画，走进这些场所，犹如走进一个诗画的世界，这是牛街文化景观的第二亮点。牛街最有名的是“临江茶社”。茶社临江依山，绿树怀抱，古柏参天，大门前一副楹联耀入眼目：“云封渡口波连树，雾锁江头水接天。”室内窗明几净，四壁张挂名人字画，每天迎送八方来客，饮茶者品茗谈心，吟诗赏画或以文会友。牛街的绅士及名人都有佳作，其内容充实，艺术性高超，反映了当时牛街的一种

文化风气。

1946年初创办的《牛街旬刊》设有副刊，是牛街文人大显身手的场地，是年轻人在上面练手脚的地方。牛街的名人都有墨迹，再次掀起了牛街诗风的高潮。由于受地下党政治宣传的影响，也出现不少进步诗文，如士绅乐镇藩写的一首《杂感》，“如今洗劫恼人肠，回首哀鸣信神伤。现口无粮徒四壁，不知何以善其方。口口声声只叫天，九空十室命难延。无粮现口谁怜悯，惟叩垂梁解倒悬。惠王凶岁现于今，如此情形更可怜。遍野嗷嗷终待毙，这般安定谁来援？”反映了穷苦人民的悲惨生活，也是对现实社会的写生。

民国很长一段时期，牛街的诗坛由一些资深的耆老主持。有毛以亮、陈祖武、徐仲武、曾尔修、曾敏夫、乐镇藩、曾树人、陈征延、陈正琳、徐发俊等。尤以毛以亮、陈祖武的诗文

诗人雷平阳在牛街

颇丰，陈祖武的《吊水灾》一诗，反映了民国二十年（1931年）六月三十日，牛街暴雨成灾的悲惨情景："滂沱连日正愁怀，居然意外出奇灾。骇浪排空千马去，洪涛折岸万军来。漏尽画楼成水国，天明绣闼已波台。难民灾处难回首，令人阅过有余哀。"值得一提的是在民国年间，牛街就早早地有了自己的歌，这是重磅的独特的地方文化。一首是《牛街中学校歌》，歌词是："白水江畔，骤云岩前，这就是我的家乡。水在谷中流，花在岩上香，还有那肥美的田畴，黄金的宝藏。前日的摩划，今日的荣光，自出钱，自出力，才有学校的前创。昔日是多么的繁荣啊！难道我们甘心让黑暗的势力，将它埋葬。守住每个人的岗位，抱定建设的主张，我们一定要努力，我们一定要自强，我们一定要互勉，齐向前，莫抛荒。"另一首是《牛街进行曲》，歌词是："牛街人，快起来，抱定建设的决心；兴教育、办事业、重交通，建设现代化的新村。看我们的八乡镇，齐向前，莫停留！天赋的条件，样样都齐备，完成是全无有疑问。我们把权力下放给大众们，不管胜与败，都要向前进！”两首歌唱响在白水江畔，震荡高山峡谷，表现了牛街人积极向上的精神，建设美好家园的心愿。

从 1935 年起，牛街创办了四年制的简师，继而又开办了县立牛街中学，这是牛街文化、教育的大进步，为牛街及周边县区培养了大批人才。学校的教师高丕文、陈季伯、罗文贤、尹信国、方在光等都是高才生，是写诗习文的高手。学校培养出来的学生大部分成为新一代诗人。在牛街早就建有诗词学会，新手、老手都有个练诗的场地，牛街出了一部《牛街镇志》，这是全国少见，云南全省仅有的一部乡镇志。牛街诗词学会出了两本诗集，载诗词近千首，唱响了牛街诗词文化的主旋律。这一代诗人以简师，牛街中学出来的学生何仕荧、吴正海、魏守礼、饶世昌等人为主。领军人物何仕荧，存诗数十首，并有诗集问世。在他们的带动下，新潮诗人不断涌现，诗的底蕴越来越厚重。

而今牛街古镇恢复重建，更有丰姿，五彩缤纷，处处是诗情画意。牛街成了引人注目的风景旅游点，四面八方的游客会集于此，或歌咏山水，或大抒情怀，把牛街变成了诗的王国。牛街本土诗人在咏唱，他们把歌唱出家门，唱响在祖国的四面八方。

牛街无处不是诗。走进牛街，每一步都是诗的韵脚、歌的音符。淌着江水，踏着石阶，呼吸着空气，无不是浓浓的诗味。

江南水乡看洛旺

ZHAOTONG

不管从什么角度看，白水江都是人们步入洛旺这个小镇最先映入眼帘的风景。白水江是我们的母亲河，河水清澈见底，水流有时湍急，有时舒缓。逢夏去秋来、水落石出的季节，白水江像一条银色的丝带，把洛旺这个乡村小镇的房子串在一起。墙是白色的，瓦是青色的，远远望去，恍入隔世之境。倘若你是第一次涉足洛旺，那白墙青瓦和那银镜照人的白水江，恐怕会让你有一种误入江南的错觉。母亲河就这样围绕着我们的村子，围绕着我们的小镇，养育着这里的每一个人。

一个从小生活至今的地方，突然想要说出它的好，似乎是一件很难的事情，因为一切都已司空见惯、习以为常了。可仔细想来，我们巍巍的群山，这周遭的水，这可爱的人，确实是有些地方值得叙说的。

洛旺之名始于清道光年间，因白水江发源于贵州省赫章县毛姑，流至镇雄县五德乡五眼洞时落入洞内（洛字由来），又由五眼洞的第五洞流出至洛旺。与溪口、马路两水合流，河宽水旺（旺字由来），“落旺”因此得名，后来人们觉得河里不应有“草”，故“落”演化为“洛”，故而今之洛旺便由此诞生。

不管从什么角度看，白水江都是人们步入洛旺这个小镇最先映入眼帘的风景。白水江是我们的母亲河，河水清澈见底，水流有时湍急，有时舒缓。逢夏去秋来、水落石出的季节，白水江像一条银色的丝带，把洛旺这个乡村小镇的房子串在一起。墙是白色的，瓦是青色的，远远望去，恍入隔世之境。倘若你是第一次涉足洛旺，那白墙青瓦和那银镜照人的白水江，恐怕会让你有一种误入江南的错觉。母亲河就这样围绕着我们的村子，围绕着我们的小镇，养育

着这里的每一个人。

吊脚楼是依河而建的村落的主要建筑，沈从文在《边城》里写了沅水的吊脚楼，事实上，洛旺的吊脚楼和沅水的是一种建筑。我们的房子建在河边，只能从河堤打桩，然后再在木桩上搭建房子，有一半的承重木桩都在河堤上。我们建起来的房子冬暖夏凉，从远处看，仿佛洛旺整个镇子，都是“挂”在白水江两岸的，又会给人一种“洛旺整个集市都是从水里凭空长出来的”的错觉。逢晴冬的早上，江上会起一层薄薄的晨雾，那时看这些吊脚楼，像飘在云里，无可寄托，宛若仙境。

洛旺菜花

农历正月，是我们这里油菜花开放的季节。春天刚刚从

洛旺油菜花

冬天的寒冷中挣脱出来，洛旺便变成了花的海洋，从怀来村到中厂再到文角，油菜花成片地开放，那真是花香十里。白水江两岸的田里和台地里，被染成一片黄色，在江风的吹拂下，这片黄色的花海开始流动起来，那油菜花浓醇的香味顺流而下，要到很远的地方才能散去。山上的树渐渐地变得嫩绿，山中的兰花也开始在这个季节芳香。山、水、花，白墙青瓦。我们的苗族姑娘和小伙子，就在这世外桃源一样的地方跳起了花山，吹起了芦笙，唱起了山歌，迎接远方和家乡的客人。倘若你运气不错，能和苗族姑娘对上歌，说不定人家就芳心暗许了呢！

整个洛旺的四季似乎都和黄色有着千丝万缕的联系。八九月间是丰收的季节，八月这里的玉米成熟了。我们这里盛产一种金黄色的玉米，人们把玉米从白水江两岸的田和台地里收回来，我们使用竹子制作的绳索把这些闪烁着金色、颗粒饱满的玉米“串”起来，挂在苗家人院子里白色的墙壁上和房子的椽上晾晒，像金色的鞭炮，密密麻麻，惹人喜爱。金秋九月，白水江畔的稻谷也黄透了，我们把稻子割回家，使用一种叫半桶的农具，把稻子和稻

草分开，就得到了谷子。我们把谷子晾晒在农家的院坝里，从高处俯瞰，白水江两岸洛旺的吊脚楼和苗家的院坝里，像是晒了从阳光那里剪下的一块块温暖的金色。新稻飘香，有时我们在午后坐在自家的院坝里闲谈，或听老人们讲古老的民间故事，说着今年的收成，生活也充满了金色。傍晚，白水江两岸的洛旺小镇升起了炊烟，牛羊归家，鸡鸭回巢。夜色逐渐降临，新农村建设带来的灯火，把这个小镇点燃了。清澈的江水映照着万家灯火，水里的灯光和河岸人家及街上的灯连成了一片，半条白水江就像星空，梦幻安宁，秦淮河曾经的灯火，也不过如此。

柑橘是洛旺的特产之一，这里出产的柑橘，个头非常小，非转基因，纯天然，无污染。到冬天柑橘上市的时候，河岸山地里的柑橘树上挂满了黄色的灯笼。柑橘汁甜色鲜，富有多种人体所需的维生素，这里冬天待客，最好的水果便是本地出产的柑橘了，

云台山的庙会是出了名的，每年农历二、六、九月的十九这一天，云台山就会举行盛大的庙会和道场。相传这几个月的十九，是佛教几尊菩萨在人间的生日，人们在这些日子举行庙会，可以求得风调雨顺、诸事平安。人们从各地赶去这远近闻名的佛教圣地，除了烧炷香，吃吃斋饭，求平安之外，免不了要欣赏云台山佛寺的庄严肃穆及秀丽险峻的风景。云台山海拔较高，清晨，天才蒙蒙亮，云台寺的钟声就把云台山的万物叫醒。浓厚的白雾笼罩着云台寺，险峻挺拔的山

黄花闺女

洛旺美女

峰，四季常青的亚热带乔木，多样的植被和逐渐得到改善的生物链，为佛寺的庄严添加了不少自然界的幽静、和谐。

梅兰竹菊四君子中，洛旺的竹子在十里八乡，甚至在云南都算是最出名的了。海子坪万亩竹海是洛旺家喻户晓的。海子坪的竹海竹子种类齐全，海子坪是全国少有的连片天然毛竹林保护区，位于洛旺苗族乡的中厂村，是以保护天然毛竹林、水竹林、罗汉竹林等野生植物和小熊猫等野生动物为主的省级自然保护区。这里的竹海常年苍翠欲滴，林间溪涧密布，淙淙的溪流穿林而过，偶尔还可以在山谷中看见银线一样的瀑布从山崖坠下。夏季，约上三五好友，自备酒水往海子坪竹海而去，可随意挑选一处小溪，把脚伸进溪水中做溪水浴，闲谈喝酒，听风吹竹海，竹涛阵阵，遥想当年嵇康、阮籍、山涛等人也不过如此。偶尔有画眉在竹海里相互对唱，静坐于竹海中听风涛，恍惚间如入逍遥之境，天地人在这里得到了统一。

洛者，水也；旺者，兴业。近年来洛旺除了白水江这条玉带，还多了一条“带”，这就是穿集而过的“路”带，镇威公路的开通，也为洛旺的新农村建设带来了福祉，白水江畔，“路”这根带子把外界与洛旺之间的距离缩短了。相信不久的将来，人们再也不用跑到峨眉山去求佛，去蜀南看竹海，去江南寻找江南，这些，在洛旺这个美丽的小镇就可以找到。

这个小乡镇也走出了像徐洪刚这样的时代英雄，洛旺走出去的莘莘学子，也像繁星一样，在各自的平台和领域发着光，奉献着自己。

洛旺的美是出了名的，就连彝良的一个诗人，在早些年当记者的时候，也愿在这个白水江畔的小镇停留。不是所有的地方都能留住诗人，也不是所有的地方都能出时代英雄，好山好水出俊杰，洛旺，便是这样一个地方。

藏金卧银猫猫山

ZHAOTONG

雄伟挺拔的猫猫山，因盛产铅锌矿而出名，这山上有许多美好而动人的传说，都与这里的金银财宝相关。巍巍猫猫山，是历史的见证，人们看到了长发坡开矿的辉煌和跌宕；滔滔洛泽水，有流不尽的泪、唱不完的歌，唱着人间的悲凉和欢乐。

雄伟挺拔的猫猫山，因盛产铅锌矿而出名，这山上有许多美好而动人的传说，都与这里的金银财宝相关。传说猫猫山上有个枯洞，一个流浪儿无家可归，一日进得洞去，洞里全是满目的金银珠宝，但有许多金狗儿护着，不得近前。洞里有几棵垂柳，这孩童取了一枝条想把狗赶开，金狗向他扑来，他只得往后退。一路后退，金狗紧追不放，他用枝条拍打，出得洞来手里只剩下一小截枝条。他仔细一看，这不是枝条，而是一大截金子，在阳光下闪闪发光。后来他贪财的哥嫂知道此事后，就进了洞，每人各摘了一大捆柳树条，金狗扑来，他们抱着柳条就往洞外跑，刚到洞口，山石垮下，洞子被封，贪财的夫妻被埋，至此人们再也找不到那埋葬金银宝藏的位置。

这里是一片荒坡，是一处悬崖绝壁，洛泽河水从中流淌，拍打着两岸的岩石。猫猫山下有个叫长发坡的地方，因为盛产铅锌矿，很早以前就被记载在乾隆《镇雄州志》上，它几易其主，清代为镇雄州下西昇平里地，之后为毛坪辖地，今为洛泽河镇所属。是洛泽河镇猫猫山矿区，彝良的重工业区。因山上矿洞多，今易名

夕照飙水岩瀑布

"长发洞"。

相传，在清代雍正年间，川陕总督年羹尧，为了扩充库银，四处寻找铅矿提炼白银，他派出的人从成都经宜宾来到这深山荒野中，他们的足迹踏遍青山、攀越悬崖，最终在长发坡上找到了矿源。在这里采矿建炉炼铅，然后将铅由宜宾经水路运到成都提炼白银，年总督的发财梦还未做醒，就被雍正帝下狱处死，开矿叫停。羹尧虽死，长发坡出银矿的消息不翼而飞，吸引着更多的探险者来到这个地方，遍山找银矿。当时技术落后，许多人血本无归。却有一个汪姓广东老板不放弃，坚持守望着，一心挖下去。很长时间，还不见矿的踪影，他心里也有些焦虑，这晚他做了个梦，"要得出大矿，需得顶盔扛旗人相助"，知有神灵指点，就叫人下山去等待。

却说有一避难之人，逃避清廷的追捕，从异乡流落到角奎一带。他顺河而上，以捕鱼为生，用铁锅在河边生火煮鱼吃，他身无换洗衣裤，就将裤子在河里洗了，搭在肩上，头上顶着铁锅遮烈日，茫然而无目标地继续前行。来到猫猫山下，被汪老板的使者发现，"头戴铁盔，身披战旗，正是老板要找的人"。使者立即将他带上山参见汪老板，汪老板一见此人，正是梦中人，硬要他留下，并让他做矿主。这落难之人，只求安身有碗饭吃，便答应下来，不过他决不喧宾夺主，只是辅助汪老板打矿。这人来后不久，

洛泽河峡谷

果真打出了大矿，从此发了迹。

这传说听来有些神奇，真假难分，据彝良地方志记载，清乾隆时期，有个叫刘朝富的，确实是因办矿成为富甲一方的大户，买田置地，最早在角奎修了半条街，古今称“刘半街”。刘朝富，是不是传说中的人，只不过后人将故事渲染得神奇罢了。

1

2

①②③洛泽河镇雄块村

当时采矿采的是乌黑发亮的铅矿，最宝贵的锌、锗矿却当矿渣废弃了。有些商家确实靠开矿在彝良发了迹，查了一些人家的家谱，发界这片早年的肥田沃土，是颜姓从广东迁来，开矿发了财，买下这片土地，后来蒋姓开矿发财也在这里买了土地。毛坪郑姓、刘姓、易姓，蛇溪易姓，都是靠采矿置地，成了彝良富家。铅、铜是国家管控物资，都得由国家收购，据《镇雄州志》记载，雍正十一年（1733 年）在长发坡开办银矿；乾隆十年（1745 年），年产铅 13000 斤，每年改京（运北京）11700 斤。哪里有经营，国家税收就指向哪里，哪怕是深山峡谷。又载：乾隆五十九年（1794 年），在长发坡开办铅矿，年纳税银 1119 两，嘉庆五年（1800 年）停办。东川的铜，彝良的铅，是当时云南的特产。不过发财者只是少数，这座金山银山也有许多悲情，有的由富商变成乞丐，有的负债累累，

含悲投江而去。到民国初年，冶炼技术提高，人们开始用马槽炉炼锌，当时不需开洞找矿，在这废墟上捡锌矿来炼就行，旧矿多氧化，出锌率很低。民国末年，有四川人景焕能、胡金品等在长发洞建江洪铅锌矿，开矿冶炼，一直持续到中华人民共和国成立初期。

1956 年 2 月，开展对个体工商业者的改造，以私营江洪、永和、建新 3 家公司为基础，集毛坪、发路等从事采矿、冶炼的个体小业主共 65 家，进行合资投股，由 81 名从业人员组建“公司合营彝良县白铅厂”。先后隶属于彝良地方国营、昭通地区工业局，职工达 500 余人，几十年间没有大起大落的变化，都是平稳渡过。

1984 年，国家允许私人开矿，彝良又开始了继清代以后的又一次开矿热潮，发展迅速。到 1988 年，这山上有采矿、冶炼厂 118 个，从业人员 1169 人。采矿的高峰期是 2002 年至 2005 年间，千军万马向长发洞进军。战场主要摆在长发洞周边红尖山、观音山两座大山上，采矿的人变得非常聪明，他们想方设法弄到地质 317 队“文革”期间在这一带勘测的地质资料，照图探索，信心百倍地等待着铅矿像水一般流淌出来，可是一切希望都落了空。后来人们

洛泽河镇雄块村

不信资料、图标，在四周山上乱挖，凭个人的运气去碰，四面山上百孔千疮。在猫猫山昭彝公路坎上，矿主郭内堂一炮炸开了，在猫猫山区域有大矿了；之后矿主陈光友在猫猫山九股水坎上边，挖出了更大的矿，矿体数米之高、数米之宽，全是高品位的铅锌矿，日产量可达数十吨，最高达百吨，取名九龙矿洞。于是山上的人下山了，摆在猫猫山公路一线，旁门左道的要去吃九龙的矿。再以后，四面山上一些矿洞也出了矿，整个猫猫山、长发洞的矿工有上万人，单是在四周山上运矿的驮马就上百匹，每天都有几匹驮马从山上摔死。一个四川人在猫猫山脚办了个马肉加工厂，将摔死的马肉腌制后出外销售。采矿带富了周边群众，也为彝良增加了财源。统计资料表明，2001年以前铅锌矿产量低下，当年采铅锌矿3000吨，2003年翻番达10200吨，2004年达15204吨，2005年铅锌精选矿达77385吨，为历史最高年产量。彝良财政收入2001年以前长期徘徊在3000万元左右，到2005年增至7792万元，2006年达13756万元，突破亿元大关。

这种无秩序的开采终究是短命的，首先是矿产资源受到严重破坏，人们称为是掠夺性的开采，由于技术有限，有些珍稀元素被废弃了。其次是生态环境遭到严重破坏，人们生存的空间受到严重威胁，清澈的洛泽河变成了垃圾河、黑水河。其次是严重的治安问题，矿洞设施不安全，时常出现矿难，为争矿明斗暗斗，洞里黑斗，洞外打斗，出现许多斗殴人员互伤事件。更有甚者，为了用武力压倒对方，双方用车到昭通、角奎拉人械斗，不管农民还是青年学生，手执棍棒，上车一人一百元一天，双方对峙，要不是警察制止，多起血案就要发生。

2006年11月25日，云南省曲靖市富源县发生严重的矿难事件，云南省政府下了矿山整合的最大决心。2006年12月4日昭通市人民政府开始对猫猫山片区的矿山进行整治，整合的矿山51个，成立八大单位联合的“八合公司”，之后被驰宏

公司全盘收购，结束了私人采矿的历史，还了四山的安宁。

彝良的矿产资源丰富，尤以猫猫山片区铅锌矿在国内出名，是云南冶金优质矿之一，平均品位高达 18.85%，远高于国内 6.8% 的水平。2004 年特聘专家对猫猫山一带进行地质勘探，猫猫山南东横长 8000 米、宽 2000 米金属矿层带，初步探明达 150 万吨金属矿，矿床

远眺洛泽河峡谷

到河底延伸，到底有多深、多厚无法测知。猫猫山铅锌矿共生矿多，伴有银、镉、锗、镓等价值极高的元素。含铅3.16%、锌9.15%、银63.13%（一个吨位），正是因为有这丰厚的底蕴才引来大企业驰宏公司。

驰宏公司2000年7月正式成立云南驰宏锌锗股份有限公司，2004年5月成立在中国证券市场上市的A股公司，是国家250户重点企业和云南省政府重点扶持的十大企业之一。2005年1月18日，经省国资委批准，兼并了昭通市铅锌矿（原称彝良铅锌矿）的全部股权。2008年改称云南驰宏锌锗股份有限公司昭通市铅锌矿。进行规模化的采矿、加工、提纯，资源得到合理应用。在彝良建厂以来，公司先后获得“昭通市环境保护先进单位”（2007年）、“昭通市先进纳税企业”（2011年）、“国家首批绿色矿山试点单位”（2012年）、“矿山安全生产优胜单位”（2013年）、“国家高新技术企业”（2014年）等荣誉称号和奖励。

巍巍猫猫山，你是历史的见证，你看到了长发坡开矿的辉煌和跌宕；滔滔洛泽水，你有流不尽的泪、唱不完的歌，唱着人间的悲凉和欢乐。

奇山异景钟鼓鸣

ZHAOTONG

钟鸣的美，在山。因为山美，钟鸣便有了一个子虚乌有的传说。相传，当年平西王吴三桂初入云南，便带着倾城美人陈圆圆，到钟鸣钦点建都事宜。他站于钟山之巅，豪气干云，细数脚下如金字塔一样的群山，数去数来也只有二十三座，唯独遗漏了自己脚下的这座，遂放弃了在钟鸣建都的念想。

钟鸣原叫伐乌关，《镇雄州志》称："山势高耸，路径曲仄，戈魁河绕于前，左右两水如带。登顶远眺，大关、威宁、彝良俱在目中，为镇雄第一雄关。"历史上曾是军事要地。清乾隆年间，镇雄州在彝良境内设五大军讯时，就有"伐乌关讯"。此汛"设右哨三司把总一员防守，管鸡罩林、李子沟、小洛泽、善鸡寨、核桃坪、毛坪渡、戈魁河、阿路林、阿处底末 9 塘，讯兵 23 名，塘兵 27 名。东至鸡罩林 260 里接彝良（今奎香）讯界，西至松杉树 30 里接昭通、永善界，南至火烧寨 30 里接昭通大关讯界，北至白水江 150 里接牛街讯界。光绪年间改为塘兵 9 名，讯兵 4 名"。

钟鸣曾分为钟鸣乡与鼓铸乡。以鼓铸山为名，改为鼓铸乡；以钟山为名，改为钟鸣乡续延。两山恰似钟、鼓形状在钟鸣街的两头相向而立。清匪反霸时在土司禄氏家搜出一面红缎青丝旗帜，上绣"天下凉山都督府，出在彝良第一家"，说是明朝赐赠，送到县上遗失。

《镇雄州志》所言镇雄州"第一雄关"，乃指从洛泽河东岸魏家堡攀登陡险山路分道去钟鸣必经的大、中、小三个关口，尤以中关口最为险峻，是木龙村去钟鸣的主道。现存一块古石碑记载："盖谓天下事莫为之前，虽夷弗彰；莫为之竣，虽胜弗傳。如我伐乌关场，虽属地居盘谷之行人，虽早至之区，但毗连大关河东之地，虽通太平客邸之廛，行商坐贾往往不绝。窃维中关口，虽云古道要隘，亦系峭峰险阻。至于贵者、忧于途行者惧于路，是以目击心伤，纠领募化往来客商，仁人君子，谷损锱铢，欣然乐助予业，爰及工人重新补不腋成裘，今已告竣。即不日康庄而亦曰善，便是以勒石刊名永垂不朽矣！"是清道光二年壬午岁（1822 年）仲夏所立，比列入县重点文物保护的"衢飞桥"石碑早四年。

道旁有一独立石笋，从下面看上去似一尊大佛，这便是老少皆知的"石人"。它站在迎着大关口右侧的一个岩嘴上，如黄山"飞来石"。远远望去，悬崖上巨人矗立、横空出世。到南厂一带观看，是一个穿着锦衣的巨人，因与邪恶势力斗争，被斩头、断臂，可他正气在身，宁可站着死，也不倒下，他蔑

视邪恶，不惧一切艰难险阻，永远是一位顶天立地的英雄；在大关口途中，看到的是飞来塔，形状如首都北海公园的椭圆形佛塔；翻过大关口，从背面俯视巨石，又似一位头戴乌纱、身穿长袍的古代儒者低头诵读诗书，大千世界似乎与他毫无关系；再从左后侧俯视，变成了一口大钟……

钟鸣，以它雄峻和秀丽的山而闻名全县。有人说，钟鸣虽无桂林水，却有桂林山。“二十四口金钟扑地”和一些美妙传说，脍炙人口。钟鸣街周围山头，群众按形状取了不少山名为：钟山、鼓山、城隍庙山、禹王宫山、龙山、虎山、狮山、鹰山、螺山、象鼻山、巨人山及无数形态各异的无名山，使钟鸣风景多姿多彩。登上钟山、鼓山，远山近景，一目了然。好似在一个圆形展厅里看画展，一幅幅彩色风景画跳入眼帘：彩霞片片，大关县在茫茫崇山峻岭之中，钟鸣街在钟山与鼓山之间，群山轻烟缭绕，山头起伏连绵，岂止“二十四口金钟”，再加几倍也数不完。披着绿装，生机盎然。

民国六年（1917年），当地知名人士严世全、王文仲、安兴阳等人，在石门坎一块岩石上镌刻“灵应岩”碑记，文曰：

钟山云海

"盖闻莫为之前，虽善弗举。如我地之石门坎者，右则诸山环拱，左则钟山侍立，后有玉兔金乌，前之石鼓能鸣！奇石森然，草木丛茂，美花映竹，真天然风景之所在。凡历斯地者，仰观俯察，无不兴然嗟叹！若有伤思者也，玉兔山之脚有所谓仙水者，疮擦之即愈，是以诸君美兹风景之胜，感仙水之灵，就此建一仙丹寺，但恐久而浸灭，嘱余作文铭诸碑记。"

碑记以记叙石门坎矮石林风景为主，提及钟鼓山。而今，矮石林间隙已种上粮食，"草木丛茂，美花映竹"无存，"玉兔"踞之石上，前有印台石屹立，又如一石人迎接"玉兔"奔来，"狮子"等形状的奇石皆栩栩如生；半石窝清水四季不干不涨，谓之"仙水"，民众说用来擦疣子很有效，故称"疣子水"，有人不惜跑几十里、百十里用瓶装回。天然石门俱在，而被石泥堵塞。这片矮石林从不同角度观看会有不同的形象，有的如群猪放牧，有的如盛开的朵朵莲花……

钟鸣德政碑

石林中有几块德政碑，一块记载民国三十七年（1948 年）“伐乌市场毁于火”及救灾之事；一块颂扬县长李鑑之“关心民瘼”：“民国二十九年（1940 年）伐乌全体绅民恭颂”。另一块叫“德惠灾黎”，颂扬县长罗明吾赈灾之事。碑文曰：“民国三十年（1941 年）孟春，伐乌市场毁于火，一切尽焚。男悲女号，颠沛流离。蒙县长罗公明吾饥弱在抱，立即派员持款赈济灾民。茂成各级首人设法安抚，灾民始庆更甦。兹者市场恢复，人民无恙。追溯缘由，皆公所赐用。特集资砺石，以致公恩。伐乌全体市民恭颂吉黎。民国三十一年（1942 年）仲夏月。”这是继瘦石山之后全县仅有的第二处摩崖，已列入县级文物保护单位。罗明吾实名罗伦，是一位体察民情、颇有政绩的县长。除此之外还为公众做了不少好事。可是旧社会不能容廉洁为民之人，他后来在昆明拉黄包车。

钟鸣还有由寨上苗族风情园、林区风光、仙人洞、钟鸣水库、夹马石水库、罗汉坝水库等组成奇特的水库风景片区。更有

在中共东川特别支部领导下，由王兴书指挥的第五路救贫义勇军活动过的红色旅游资源。

钟鸣镇政府大院，是一幢百年老宅，它的主人原是一禄姓土司，后来被人民政权接管。这是一个四合院，坐落于美人山之侧。站在这座百年老宅门前，一副刻于大门两旁青石之上的对联跃然眼前，联曰："苦心建鸿业，卅余载贞操大吉，恢宏世泽耀坤仪；往事溯乌蒙，万千年祖德宗功，宣抚边疆光史册。"就凭这么一副对联，它的主人一定有故事。相传当年四川叙州府利用禄氏土司打下了官兵攻而不克的乌蒙府（今昭通城），朝廷恩赐黄龙旗，上书"威镇凉山都督府，仅此钟鸣第一家"。历史的烟云已经飘散，但眼前的景物依然留存。环视左右，大门两旁各有一个小阁楼，檐上画着精美的图饰。进得门来，是一个庭院，据说里面曾经种了许多名贵花草，如今已经荡然无存，铺上了无任何生机和活力的水泥地板。大院左

钟鸣寨上瀑布

右两边各有一幢分别修建于20世纪70年代和80年代的房子，一幢石木结构，一幢砖混结构，供乡干部们住宿和办公。这似乎破坏了百年老宅的整体美，可它却真真切切地矗在那里，搬不动，灭不了。院内还一左一右种了两棵乌柿，成为这个大院最具生机的风景。迎着大门正面，是这座庭院的主体建筑，风格如“金包银”式的穿架结构，依稀可见当年的辉煌。进得一个小门，有回廊绕上二楼，如今成了镇政府工作人员的居室兼办公室。在这主体建筑之后，还有一个后花园，现已荒草萋萋，只有几棵不结果的苹果树在里面相依为命，当年的芭蕉、蜡梅、海棠、紫薇和禄家小姐们的身影已不知去向，空气中也没丁点儿脂粉气息。两道院墙顺着耳房斜

上延伸，在三十余米处各建了一个炮楼，炮楼居高临下，可以鸟瞰整个集镇。在这个后花园也就是如今的那几棵苹果树下，曾经埋有绰约款款的禄二小姐。据集镇上几个老者讲，在“破四旧”运动中，禄二小姐不腐的娇躯被挖出来焚烧，噼啪作响，由于屁股处肉多，第二天才烧成灰烬。因这个大院有这些说法，以至很少有人到“后花园”去玩耍，特别是在机关干部们大都回家，薄雾进屋、夜深人静（且随时停电）的时候，人们也很少到后院去，生怕看到禄二小姐鬼魅的眼……

这个百年老宅，形如“四人抬轿”，在当地群众眼中，有一种神秘而又权威的意味。关于它的故事，一定具有传奇色

彩，但时过境迁，昔日的繁荣与喧嚣终归灰飞烟灭。如果没有那副对联，它早已如尘烟一般飘散。翻遍彝良闲文野趣，并无只言片语的记载。不过，这也是历史的残酷和公平之处，一个山野土司，无外乎曾经攻克过乌蒙府，无外乎修了个有点特色的四合院，也无外乎种些花草想过点悠闲日子。

钟鸣的美，在山。因为山美，钟鸣便有了一个子虚乌有的传说。相传，当年平西王吴三桂初入云南，便带着倾城美人陈圆圆，到钟鸣钦点建都事宜。他站于钟山之巅，豪气干云，细数脚下如金字塔一样的群山，数去数来也只有二十三座，唯独遗漏了自己脚下的这座，遂放弃了在钟鸣建都的念想。尽管天下传说都是虚无，但这无疑成了钟鸣人的些许骄傲，些许遗憾。钟鸣的山确实很美，听听名字，你就可以放飞你想象的翅膀，如钟山、鼓山、海螺山、象鼻山、莲花山、兔儿山、美人山、禹王宫山、大虎山、老鹰岩、仙鹤抱蛋、美女晒羞等，它的美，美得纯粹，美得自然，美得精致，且四季变幻，各有不同。春天，农人在山下新翻了土地，这时的春草嫩黄，空气中散发着泥土的清香，一幅农人耕作图展现于眼前。夏天，满眼浓绿，凉风习习，夏虫吱吱，它的美，却更有

❶ 我在苗寨等你

❷ 雄关漫道

"虫鸣山更幽"的意境。傍晚时分，站在崇山之巅，远处的夕阳渐淡，头顶苍穹，星星渐渐亮起，此时俯下身来，将耳贴近于大地，你仿佛能感知地球的脉动，其实是你自己心跳的声音。时间也许就此慢了下来，在一呼一吸之间，你的思想，最接近你的灵魂。秋天，本是萧索荒凉的季节，钟鸣的山虽然披上了枯黄的外衣，但它的美，在于秋阳下的雅致休闲。那些小丘陵上，疏林序序然，掩映其中的农舍，偶有袅袅炊烟，恬适安详，虽无天高云淡的高远，亦无小桥流水的雅致，但它的山，在不远处形成的一道道剪影，定会深刻于你的记忆里。冬天，有时雪花稀稀疏疏飘然而下，在某个雪夜，一伙人围在火炉边吃烤红薯，待到梦醒时分，推窗一看，已是一片银色的世界。此时的山，犹如童话世界，它不伟岸，却一如盆景，任你把玩。走于没膝的积雪中，偶有野兔的踪影，没准你赤手空拳地追猎，也可能收获意外的惊喜。

如没有山的美，便没有钟鸣。钟鸣之名，便源于钟山、鼓山。不用说，它真是形象极了，钟山如一口巨钟，倒扣于集镇一侧，它高不过百米，其顶似有一个硕大的钟把，等待天神用铁链将它提起，它里面定装了不少秘密。鼓山在集镇的另一端，从某个角度看，它中部略鼓，其顶平整，似等待天神来将它擂响。钟鸣的山，并不是高不可攀，并不是怪石嶙峋，并不是荆棘丛生，或者丛林阻隔。它给你一千条路去攀越它，每条路都有不同的风景。

敲响钟山和擂响鼓山的，正是勤劳智慧的钟鸣人民。

两河沟深锁二桥

ZHAOTONG

两河口一带，壤接古蜀国，地属蛮荒朱提。南驰苍梧涨海，北走紫塞雁门，四会五达，道不由斯。地主罗君登甲，悯怜斯人行路之艰，倡首扼要成梁。癸未之春捐建，越两载，丙戌告竣。至此，一桥飞架南北，羊肠鸟道改险，天堑变通途。野渡人免去卷裤之忧，茶马再无留蹄之苦。斯桥，言衢飞桥。两河镇的另一座桥叫万寿桥，客呼万岁，山喊无疆。意愿此桥，与乾坤同寿，天堑通途。

两河镇的衢飞桥，被列入彝良县第一批重点文物保护单位。

清道光六年（1826年），丙戌。律中无射、下生仲吕（九月）。乡人嘉庆翰林学士、前奎垣书院掌教龙祖昌，撰衢飞桥《改路修桥碑序》。该序，实为古散文之佳作。今辑其至要，达其文义。

两河口一带，壤接古蜀国，地属蛮荒朱提。南驰苍梧涨海，北走紫塞雁门，四会五达，道不由斯。时从下游罗家河坝处过河。商贾云：上挽六诏矿铜，下联益州负贩，往来络绎不绝。自铜厂河至田黄寨，连峰数十里旧路，上攀绝壁，下临深溪，额头仰峰貌，泻瀑如雾咽。犬身人面兽长啸，似栈道之连云；古猿父峰上哀吟，类剑阁之峰顶。溪流冬步石磴，东西跳梁；春夏深忆浅磴，不过十止。大雨时行，横流决塞，川无舟梁，险同天堑，飞仙可渡，行旅阻隔。

地主罗君登甲，悯怜斯人行路之艰，倡首扼要成梁。癸未之春捐建，越两载，丙戌告竣。至此，一桥飞架南北，羊肠鸟道改险，天堑变通途。野渡人免去卷裤之忧，茶马再无留蹄之苦。斯桥，言衢飞桥。

其桥，跨径10米，长13.5米、宽2.9米，水面高10米。单孔石拱，拱钳两把寒光闪闪之利剑，用作镇桥之宝。无心插柳，确实大用。上游龙洞河一巨蟒，雨夜踏浪，推波助澜，欲入东海，至衢飞桥，浪高未没桥，穿孔而过，其中一剑插入蟒身，它负痛前行，最终成一刀两片，似杀猪开毛边。蟒蛇毙命，桥却安然无恙，一如彩虹挂天际。

是桥，桥面建筑木质结构桥廊，负者歌于途，行者休于廊。因其火废，俗曰“火烧桥”。

两河镇的另一座桥叫万寿桥，客呼万岁，山喊无疆。意愿此桥，与乾坤同寿，天堑通途。再看落款：丙午仲冬。此铭，云山雾海，花甲轮回，莫衷一是，真是“万寿”了。桥碑铭文云：岁在承宣布政，道有高不过额头之桥，往来商旅之至要。谷子寨原有木桥，年久失修，昔以朽坏，远近临河阻隔。有地主不忍坐视，心恒独立难为，邀其万境功果，客商行人，不吝铢统。桥堍完工告竣，刻石刊名是喜。只在一时而仿，浩大永垂千载之福寿，万古无疆，不朽丰碑！能读到此文，还得感谢20世纪末的一川洪水。洗去山河尘埃，惊艳地下“瑰宝”。万寿桥石碑突然出现于世，给人留下了太多的谜，无限的遐想。

自古，山川平地本没有路，走的人多了，就成了路。溪河边有路，溪河上就有桥，但并不多见。而留下碑刻的，远的不说，在彝良境内，那就屈指可数了。最早当属牛街小河石拱桥，名“万寿桥”，始建于清乾隆三十九年（1774年）。其次是飞架于田黄河上的“衢飞桥”，建于清道光六年（1826年）。有关资料载：此处原有木桥，名叫“去新桥”，被火焚烧后，俗称“火烧桥”。再次是牛街甘家坝的单孔石桥，建于清道光八年（1828年）。

两河五十里常川一带，七道河九曲回环。至田黄，悬崖跌宕，关口五尺道旁，银河倾泻，浪花飞溅。这里是通川之茶马

古道，路顺溪流山崖而行。七道河半山腰上的栈道，特别是半隧道，至今仍历历可见。因史书无载，无法考证。而今，峡谷公路通，栈道横卧绿荫中，少有人光顾青睐。偶有牧笛、樵夫伐木之回声荡漾山野时，才会使人想起那遥远的驼铃。这条通川要塞，行至罗家河坝，就被刀劈斧削的癞子岩阻断，因而必需过河，才能通行两河上彝良。这里又是河东河西行人必经之路。没有桥之前，行人只能跳墩而过、踏浪而行。“万寿桥”，以花甲做落款，留下揣测，推测。因为，甲子 60 年一轮，无限循环。丙午年，在清朝道光六年（1826 年）之前有 3 轮。即乾隆五十一年（1786 年）、雍正四年（1726 年）、康熙五年（1666 年）。明朝有 4 轮。即明万历三十四年（1606 年）、嘉靖二十五年（1546 年）、成化二十二年（1486 年）、宣宗宣德元年（1426 年），排列下来共 7 轮丙午年。

翻开历史黄页：其属四川成都管辖长达 344 年。清雍正后的两河人，都不知此处有桥，移居此地的列祖列宗均未闻谷子寨罗家河坝处建有桥。故推断：在明嘉靖二十五年（1546 年）至万历三十三年（1605 年）的 59 年间，谷子寨罗家河坝处建有木桥，而且桥高不过额。万历三十四年（1606 年），本地人周元礼等复修。而复修之前的木桥，始建于何时，已无法考证。其石碑，用当地黄沙石磨刻。从复修此桥的 1606 年到清雍正四年（1726 年）的丙午岁，经过了两轮丙午花甲，即 120 年。在前轮花甲中，石碑经风雨侵蚀，使少部分字风化脱落。又数十年后，两河遭受特大自然灾害，突发洪灾或泥石流，将该桥冲毁，石碑被淹埋。大灾之后，饥荒遍野，当地居民因灾逃荒，逐步迁徙。因此，后来移居此地的人们，便不知其处有桥了。商贾驿道，当衢无阻，来者劈开癞子岩，修路沿河而上，于清道光六年（1826 年），才在桥偏处、老鹰岩下修建了“衢飞桥”。

陇家花园绽芳华

ZHAOTONG

陇家花园像一册古籍散落在彝良的大山深处。园内的绣花楼、双石桥、读书亭、吟树亭、六回沟等现存文物，充分展示了彝族的建筑风格及民族文化，是能工巧匠精湛技艺的结晶。陇家花园当然有花，现在仍在芳香的有山茶、大叶杜鹃、夜来香以及主人从日本带来的樱花，更有非常珍稀的银杏树。园内古树参天、鸟语花香，是中国传统知识分子屡试不第、告别仕途功名后归隐的好地方。在这里可以用翅膀感知世界，在斜风细雨中写诗作画、研究饮食。

在彝良，寻觅彝族文化的遗照，要在彝良的大山中行走。而最能代表彝族文化的物证，只有龙街乡的陇家花园。陇家花园因一百年前一陇姓彝族居住过而得名。

龙街乡梭嘎村陇氏，在梭嘎和拖姑梅均修有庄园。拖姑梅庄园建于光绪后期到民国十多年间，是陇维崧一手策划操办的。对于建造庄园，他不但研习了中外有关文献资料，而且亲自到四川及江南、中原一带参观考察，取欧洲和国内之长，结合本地实际精心设计，不惜重金从四川、江浙聘用能工巧匠，亲自主持修建，呕心沥血。

中西合璧的庄园主体建筑坐东向西，两厢、大堂、四合院、养心亭、后花园各有千秋。大门围墙与两边厢房形成前院，正面是大堂，通过天井阶梯上四合院（又有小天井），右边一巷道通向养心亭（民间称秀楼或绣花楼），是主人进行琴棋书画活动、修身养性、接待贵宾或文人雅士之所。墙壁上的泥塑、木刻、石雕随处可见，人物、神仙、动物、花草各具神态，栩栩如生，工艺精湛；匾额、楹联、题赠、诗词、书画更

使房屋生辉。大堂门前两边各有一棵绣球花树，盛开时一朵朵绣球似的白花铺满枝头，像一团团白雪铺在树上，见花而不见叶。后花园内有各种花草树木盆景，有“流杯池”、坐墩、护栏、假山奇石，供文人们悠闲观赏、饮酒畅谈、吟诗作对。庄园竣工后，时任彝良县长蒋亦莹等官绅送了贺匾。

庄园占地几百亩，由房屋、后花园、蔬菜苹果园、干果苗圃园等组成。陇维崧先生1932年去世后，其次子陇体芳在园林培植上努了不少力。他毕业于浙江大学农学系，获学士学位，对农业、园艺有专长。毕业后留校任教并

钻研昆虫学，浙大的英国传教士另请他教中文。1936年回乡结婚，出资在家乡兴办小学、私塾、彝文学堂，捐资改善教会办学条件；与姐夫杨砥中出资在石门坎办“西南边疆民族中学”，任董事委员，为彝良和云贵边界民族教育做出了较大贡献。他通过传教士从英国引进十多个苹果品种，其中黄苹果很香甜，交昭通教会，未种成功，在拖姑梅种数十棵，只成活两棵，质优果大，广为嫁接繁殖。苹果园内还种植有他引进的蜜桃、枇杷、柿子、樱桃等；干果苗圃园约1.33公顷，他从浙江等地引进银杏、核桃、板栗等良种在园内育苗，分批植到各地，底母无偿得到的板栗苗最多，繁殖很好，果实比本地种大一倍。因园内所育白果苗最多，所以人称白果园。从美国引进苞谷和猪羊良种，与本地种交配得新种，生长快，长肉多，适应性强，交配繁殖后推广，远近农户多受益。园林的培植给庄园增添了无限的活力和风采。他被昭通几所中学先后聘请任教，教英语、化学、生物等课，兢兢业业。中华人民共和国成立后，庄园成为拖姑梅小学校园。规模最大、修建独特、造型新颖要数陇维崧墓。民国二十一年（1932年）陈果夫题的“陇公维崧寿藏”为主墓碑，三碑五帽正中顶上一碑刻有“国府褒扬”（竖写），两副墓联，均为楷书，字迹端庄。墓上不少龙凤、神仙、动物、花草之类图案，雕刻细腻入神。主墓两边各一石亭，左为墓志亭，无碑；右为“褒扬亭”，碑中央竖刻“慈惠及人”四个大字，是民国二十二年（1933年）12月

龙街陇氏庄园

"国民政府颁给云南省彝良县陇维崧"，盖的国府大印也刻于碑上。在全县独一无二。整个墓葬的书法、绘画、雕刻和整体布局都具有较高的艺术价值和研究价值。

陇家花园像一册古籍散落在彝良的大山深处。园内的绣花楼、双石桥、读书亭、吟树亭、六回沟等现存文物，充分展示了彝族的建筑风格及民族文化，是能工巧匠精湛技艺的结晶。陇家花园当然有花，现在仍在芳香的有山茶、大叶杜鹃、夜来香以及主人从日本带来的樱花，更有非常珍稀的银杏树。园内古树参天、鸟语花香，是中国传统知识分子屡试不第、告别仕途功名后归隐的好地方。在这里可以用翅膀感知世界，在斜风细雨中写诗作画、研究饮食。

说实在的，我们不了解陇维崧的归途与来踪，但敢肯定他多少有些本事，而且是能在社会上混的人。也许，他的身体睡着了，他的愿望还在燃烧。而他的墓葬，应该是文化彝良的血脉与精神。

龙街陇氏庄园

摩崖怀古瘦石山

ZHAOTONG

> 瘦石山瘦是瘦了点，但有骨气。其上的青石岩，自清光绪二十七年（1901年）起，山主陆盛田就在此勒石记事，先后留有摩崖八处，大多依岩石自然形态刻凿，字迹清晰，是彝良的第一批县级文物保护单位。走近瘦石山摩崖，仿佛梦回清朝，使人感叹比生命更久的是留住时间的文化。

到了龙安，不到瘦石山实在可惜，因为在火烧坝集镇旁有一座被当地人称之为“瘦石山”的小山，堪称龙安一景。

瘦石山瘦是瘦了点，但有骨气。其上的青石岩，自清光绪二十七年（1901年）起，山主陆盛田就在此勒石记事，先后留有摩崖八处，大多依岩石自然形态刻凿，字迹清晰，是彝良的第一批县级文物保护单位。走近瘦石山摩崖，仿佛梦回清朝，使人感叹比生命更久的是留住时间的文化。坐西向东、距地面两米多高的“雪夜雅集”，刻字处岩石未加修凿，共刻有楷体370字，记叙陆盛田与三位诗友在雪夜相聚吟诗唱和一事。那也许是彝良最早开的一次文学笔会。另一块石头上，刻有两根竹，并配有草书的五言绝句一首，充满了光绪二十八年（1902年）的诗情画意。还有依岩势刻的一首诗，刻有书写者的印模。其余岩石上刻的除了诗词外，大都是对联，如“放鹤去寻三岛客，任人来看四时花”之类，可看出彝良文坛前辈过人的才华。

瘦石山，背面看得出泥土的颜色。几个汉字，被人刻得

惊心动魄。其实它也并非字字珠玑，也有败笔，但作为艺术，它以一种整体的气势震撼着人的灵魂。作为书法，它是笨拙的，笔画软软的如飘过的云，如不是它记载了彝良县最早的风情，恐怕早已落入断草残烟。古今多少诗，都付笑谈中。只有瘦石山依旧在，几度夕阳红。

山不在瘦，有诗则名。

闾里彝族上层文人陆盛田（永丰），号远裕。“幼而业儒、心唯口诵、长而就武、挟矢操弓。”文武皆通，戎马一生。官至别驾（司马）。晚年自号瘦石山主人。其“宫室”圈地数亩、厅堂廊阁数十间，雕梁画栋，金屋藏娇。老百姓喊“衙门大堂”，文人叫“真的别墅”。陆盛田则自我谦谓“瘦石眠云”。清朝光绪二十七年至三十一年（1901—1905 年）间，陆盛田在修葺“宫室”栽花种竹之余，将自创诗作与同僚诗友馈赠的诗画题言，镌刻于瘦石山嶙峋的青石上：“碑碣点点、石刻林立。”岩石未经凿磨，全依山石自然形态模拟雕刻，故史称瘦石山摩崖题刻。

陆盛田祖上系乌蒙“天梯”人氏，于清“改土归流”时移居火烧坝，已历五代。史实刊刻在本地乡绅文人王宗禹撰书的《墓志铭》中。辛亥革命前夕，陆盛田殁于重庆，归葬陆氏祖墓群——

岩贤小木林。其生平事迹有同侪王文斗撰书的《陆盛田先生墓志小行》可考。陆盛田妻妾成群，唯存一女。汉名陆云仙，先后就读于簸箕湾志桢小学，国立昭通女子中学。其夫阵亡于通海，陆云仙耻于再婚，气极，后因染病而终。弥留之际与女中代表龙志桢签约，将其祖父家财地产悉数捐赠母校，并报经云南省教育厅备案。昭通女子中学为示其惠悯，在陆宅开办新型义学——永丰小学。一直办到中华人民共和国成立前夕（系龙安中心小学前身）。陆云仙生平业绩载于民国《昭通志·才媛录》。《彝良县志》赞誉陆云仙为彝良“百杰”之一。

2000 年龙安老年协会倡议襄事，数千人勇筹劳资，树阁立亭建坊，辟建瘦石山文物保护区。2004 年，昭通市政府行文框定瘦石山为市级第一批重点文物保护单位。2004 年云南

瘦石山石刻

省电视台亦瞄准了瘦石山，将其遴选录入《走遍云南》栏目中，展露了瘦石山的娇姿靓影。缘此，瘦石山摩崖题刻留形于黎民口碑，存名于滇云之南。

人立小镇街旁，面向西北隅，放眸瘦石山，瞬见顶峰旋阁，啸傲霄空；山腰矗亭，重檐翘角，似隐似现于竹木丛林间；山麓“开”字形牌坊雄浑壮观、庄重肃穆。洞穿崇楼窄巷，拾级登梯，方可觅寻佳境：绿树芳草，古藤奇花。

朝迎金乌，夕伴玉兔，晨昏之际，当为瘦石山的日中佳景，故有人在《瘦石山赋》中放浪描摹：“松桩铁栏边，人头攒动。石雕小品旁，身影绰约。揽顾四周，山上逗，山下引，扶老携幼，络绎不绝。侧耳倾听，前者呼、后者应，熙来攘往、纷至踏临。更有那迅者速奔，蹒者瘸摆，欣慰之姿，乐融之态，难于尽述。”

清光绪二十六年（1900 年），夷良末任同知高颐（子和），清朝大学士宋开忠（义章），闽侯烟霞散人张祖庚（绍白），偕陆永丰齐聚山间，扫雪烹茶，折梅温酒，谈诗论文，共话平生之余。高颐首发原唱：“瑞雪满山铺，更深话火炉。客心惊夜晚，天气报春初。论事言千语，消寒酒一壶，主人勤款洽，归马喜登途。”其余三人依韵奉和，旋成四首五律。翌年五月，陆盛田将题识并诗 370 余字镌刻在坐西向东、距地丈许的危岩上。这就是摩崖题刻的开篇鸣镝。凭四首声韵和谐的五律，足令人赞叹晚清偏僻小镇——火烧坝山间，能兴笔会之风，雪爪鸿泥，实乃凤毛麟角。

红軍長

第三章

红色记忆

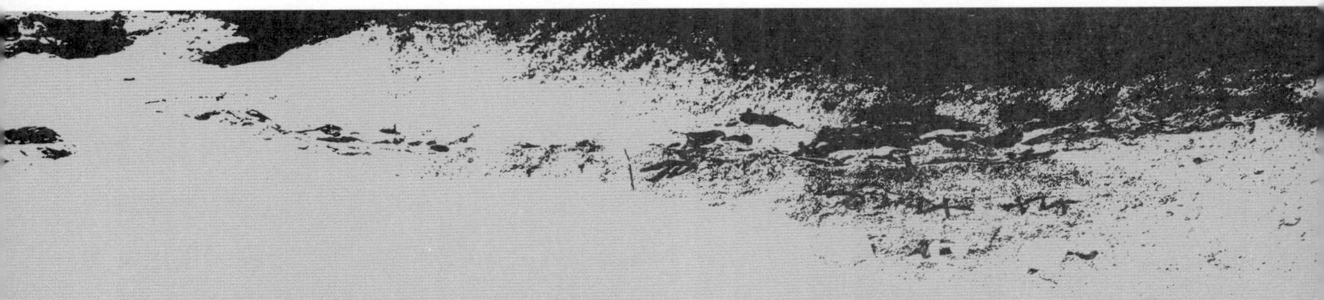

“乌蒙磅礴走泥丸。”彝良，是全国 300 多个革命老区县之一。这片镶嵌在乌蒙山中的沃土，在战争年代，历经血与火的洗礼，无数彝良儿女为了人民的幸福，谱写了一首首壮丽诗篇。军事家罗炳辉，戎马倥偬，叱咤风云；中共早期地方领导人刘平楷，把全部身心献给了人类最壮丽的事业；“八一”枪声，钟德禹血溅南昌；“救贫义勇军”，第四、第五路军活跃于洛泽河、白水江，开展武装斗争；中国工农红军游击纵队，转战川滇黔，掩护主力红军北上；红二、六军团回旋乌蒙，播下革命火种；镇彝威地下党支部活动于白水江畔，播下火种，迎来黎明。在这片红色沃土上，红色精神永远激励着彝良人奋斗和创造。

传奇将军罗炳辉

ZHAOTONG

罗炳辉，这位从乌蒙山中走出的军事家，用毕生的精力实现了自己的誓言：“人生最快慰的是真正勇敢地牺牲个人的一切利益，最热诚努力拼命地为民族独立、自由、解放而斗争，尤其要为劳动大众的解放和利益，以真理、正义、公道，为人类的幸福而斗争。”

城西老鹰嘴北侧与毛稗山相连的高山顶部，有一个叫偏坡寨的村民小组，是角奎镇阿都村人居住地，离山顶约 200 米，罗炳辉的故居就在此。1987 年被云南省人民政府确定为“云南省重点文物保护单位”。于是，一个几乎与世隔绝的偏坡寨名声大振。

当年，荒山野岭，禽兽出没，土地瘦薄，罗炳辉就是在这种环境下的故居里生活了 17 年。有人心里想，远离革命中心地，如此边远、偏僻的高山上，产生中外驰名的战将、军事家，似乎不可思议。然而正是这恶劣的自然环境及这片土地上的阶级斗争，练就了罗炳辉从小就有健壮的体魄、倔强的个性、对恶势力坚决反抗斗争的精神。罗炳辉立志“当兵报仇”，两次离家出走。由报家仇、乡仇到报国仇，实现了由个人复仇者到爱国主义者、由民主主义者到共产主义者的彻底转变，成为红军、新四军的高级将领。他终于“飞起来”，像一只冲破黑暗的雄鹰，飞出鹰山，飞出彝良，飞向全国。

偏坡寨的创业者系罗炳辉的高祖罗凤鳌。罗凤鳌老家原居今两

河镇街上，本人曾任镇雄州奎垣（奎香）书院掌教三年。嘉庆四年（1799 年），家乡遭泥石流灾害，宅院被毁，全家 7 口人罹难。罗凤鳌携幼子罗承志迁居角奎偏坡寨，娶妻甄氏。在偏坡寨一面开荒种地，一面经商，并置有薄田 80 余亩，家境渐富。罗凤鳌常以诗酒会友，偏坡寨成为一处文化热地。罗凤鳌义举多，得乡民尊敬，道光三年（1823 年）建两河瞿飞桥，捐银 3 两。到罗炳辉的父亲罗守清这一代，家道渐衰，受地霸欺负，家中土地、财物被霸占。清光绪丁酉年（1897 年）十二月，罗炳辉出生在这个饱受欺压的贫苦农民家庭，按家中字辈取名罗德富。罗德富上面有一个姐姐，下嫁本乡蒋兴利，下有两个弟弟德生、德银。罗炳辉在家娶妻李桂英，生有一子名罗代勋，妻邱万银。

民国七年（1918 年）秋，罗炳辉投军赴戎后，地霸王海云强令其媳改嫁，母黄氏不媚权贵，与其辩理，被打伤，不久丧命，王海云又施毒计将罗父下狱。父性格敦厚，母坚贞皎洁、贤名垂世，夫妻感情笃深、相敬如宾。母早逝，父失之贤妻 20 年至死不续娶。民国二十七年（1938 年）八月，罗父病逝，由炳辉叔罗守泽立碑并撰祭文，对其哥嫂寄以深情哀思，楚楚动人。

罗炳辉爱家乡，爱故居，更爱父母。1918 年得知母亲被土霸逼疯逼死、1919 年父亲被土霸诬陷下狱，均想拖枪报仇被劝住。1939 年秋得知父亲去世的消息后悲痛不已，抗日重任在肩，只有写挽联、祭父文回乡表达哀思。1979年夏重修将军父母墓和新竖祭父碑，表达将军遗愿。

祭父碑正面阴刻祭文挽联（竖书）内容如下：

父亲大人冥鉴

痛吾父幼小穷困厄尝备炎凉劬劳七十又六龄

到老来只剩一身孤苦易箦呼儿难瞑目

感不孝早岁事戎机历尽艰危转战二万五千里

看今日挥戈大江南北誓歼倭寇奠先灵

不孝男炳辉泣血

背面阴刻祭父文，内容如下：

维中华民国二十八年（1939年）二月口日，不孝男炳辉闻父丧之八月，始以馨香清酌之仪，泣诉于吾父灵前曰：痛维吾父，劬劳艰苦，尝遍炎凉；温和忠厚，时来横逆；仰事俯蓄，惟庸是赖，药炉茶灶，孑然一身。是吾父毕生心血尽消磨于穷愁抑郁之中矣！忆吾家，先世初非赤贫，亦薄有田产，足以自给。待至吾父降生，家道中落，田产荡然。吾父幼小即为人佣，身小力弱，值薄求苛，披星戴月，因不胜其劳瘁，颐指奴役，又何尝堪其虐待？然而茫茫前途，生路断绝，欲悦亲心而承菽黍之欢，抑又乌可忍辱含垢而力此贱役耶？吾父少壮，先母来归，夫唱妇随，始得家室之乐。顾四壁萧然，瓶无余粟，成群儿女，膝下依依，号寒啼饥，实不胜贫贱。夫妻百世哀之，苦而又门衰祚薄，惯遭乡曲欺凌，力役勤耕、横受豪强暴敛，举凡人世凄凉惨痛，非生人所能忍受者，而吾父吾母尽尝之矣！

不孝炳辉，孩提无知，睹之惨状，徒增愤恨。赤手空拳，亲心莫慰，计欲脱离苦海，乃以一走了之，而不知从此更陷吾父于穷愁折磨之境矣！不孝兄弟三人，三弟早逝，二弟又庸儒不能奉养。不孝自十七岁恚然背亲离家，远走从戎，迄今二十有三年，未尝回籍定省。中虽帅师道出滇池，经梓里，顾以戎机急迫，即欲一面惨别十九年之父老亦不可得。尔后转战北上，抗日军兴，不孝更以国难当前，民族危机，存七绝续，在此一举。挽救民族，改进社会，大义凛然，责无旁贷。乃驰驱全国，转战江淮，了平生之夙愿，雪百年之国耻。固之此亦即吾父勖属望于不孝者也。然而，一念及少小一别，即为儿与吾父永诀之时，能不椎心泣血乎！使不孝有父若无父，使吾父有儿为无儿，伶仃孤苦，受尽折磨。生不能养、死不能葬，此皆不孝之罪也。哀父母生我，劬劳网极之恩未报、终身之恨无穷。大别昆明，永致思亲之泪。天涯地角长驰膝下之魂，灵其有之，曷览儿心。

己卯年孟冬不孝男炳辉于苏皖防次泣血敬书

墓、碑落成后，县委邀请将军长女、时任对外经济联络部任处长的

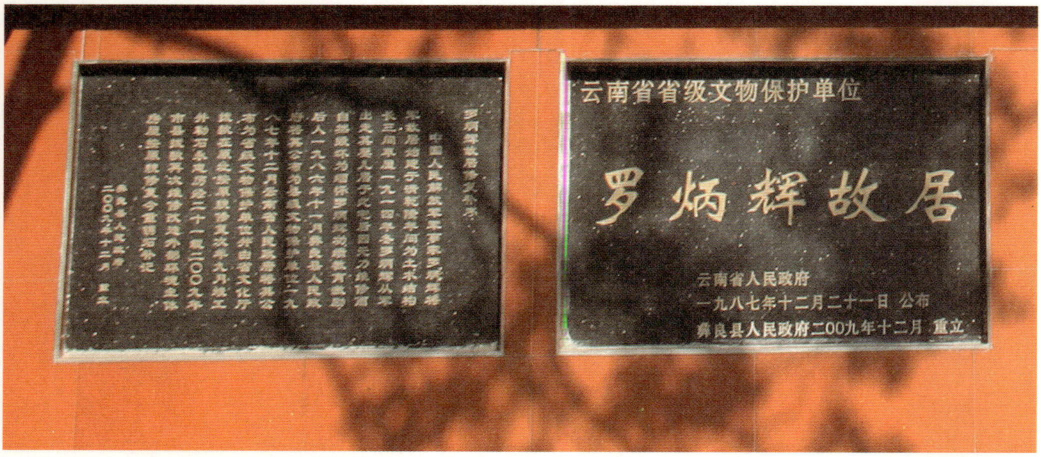

罗镇涛到故乡瞻仰祭奠。1987 年 8 月，县委又邀请将军夫人、红军老干部张明秀及其子女罗新安、罗鲁安等，到故乡瞻仰祭奠。故居只有遗址。张老一行给村、乡题词：

> 戎马春秋念故土，革命自有后来人。
> 故土乡情暖人心，幸福尚须再努力。

1989 年故居恢复原貌，土木结构，共三间，茅草盖顶，中为堂屋，两边耳房分别做卧室和灶房，有简易板楼和竹楼，住人与堆放粮食。面积为 100 平方米，分别陈设简易木床、草席、破被盖、旧木柜、桐油灯、灶、石磨、犁头、纺车等物。中堂正面悬挂罗守清像与将军挽联、祭父文复制品，两边墙上挂将军及遗属部分照片、昭通市文化局赠“功垂青史”等锦旗。简单的陈设可见当时的贫困程度。见犁头便想到当年的勤耕苦种，见纺车便想到将军慈母夜访麻布的辛劳与练就的坚毅顽强，不怕邪恶势力，支持儿子敢作敢为的品德、情操。

“罗炳辉，一看就像个‘中国将军’，有最优秀的冯玉祥传说，怪不得十八岁的时候人们就称他作云南省的‘模范军人’。他是我所见到的最魁梧的中国人，高个子，巨人般的腰围，浑身筋骨是铁打的。……他可真称得上是中国的一条响当当的硬汉子，在中国历史上任何时期都为人们所热爱。他是中国人所热爱的那种‘关帝’型的民族英雄，‘一个智勇双全的人物’。他往往以智胜敌，给敌人以重创。他所谈的智诱敌军的故事简直就像从‘三国’里摘出来的一样。”

以上是美国友人尼姆·韦尔斯在其纪实文学著作《续西行漫记》里的一段话。1937 年，长征胜利到达陕北后，毛泽东向专程来访的美国记者埃德加·斯诺介绍了罗炳辉。不久，斯诺夫人尼姆·韦尔斯在陕北专访了罗炳辉，以《“神行太保”罗炳辉》（*LO P' ING-HUI, HEAD OF THE "HUMAN CAVALRY"*）为题在书中大篇幅生动地介绍了罗炳辉的生平。

的确，罗炳辉是中国历史上并不多见的民族英雄。

他一生的事迹，已经定格在 1979 年开始公映的电影《从奴隶到将军》中。同时，已浓缩在 1999 年 9 月出版的新版《辞海》中：“罗炳辉（1897—1946）中国无产阶级革命家、军事家。云南彝良人。1913 年入滇军，曾参加讨袁护国战争、东征战役和北伐战争。1929 年加入中国共产党。同年在江西吉安领导靖卫大队起义，率部参加红军。后任团长、旅长、纵队司令员，第十二、二十二军军长，第九军团军团长，第三十二军军长，中华苏维埃共和国中央执行委员。参加过中央苏区历次反‘围剿’和长征。1939 年起任新四军第一支队副司令员、江北指挥部副指挥兼第五支队司令员、第二师师长。抗日战争胜利后，任新四军第二副军长兼山东军区第二副司令员。”

1897 年 12 月 22 日，罗炳辉出生在彝良县角奎镇偏坡寨一户普通汉族农民家庭。因不满地方恶霸欺凌而徒步到昆明从军，在滇军的历次战争中立下战功，曾以 20 小时奔跑 100 公里智勇救滇军，《申报》对此作了报道。他于中国无产阶级革命处于低潮的 1929 年秋领导吉安起义，成为“一心追求真理的将军”（毛泽东语），并参加了中国工农红军的历次革命斗争，是中央苏区的主要创建者之一。1930 年 12 月，罗炳辉率红第十二军，在红三军的配合下，在龙岗一战歼敌 9000 多人，活捉敌师长张辉瓒。1931 年 1 月，罗炳辉率部正面迎击敌谭道源部，又与兄弟部队一道，歼敌 6000 余人。罗炳辉卓越的战斗业绩为中央红军历次反“围剿”的胜利奠定了扎实的基础。

在举世闻名的万里长征中，罗炳辉作为国民党开列的“红军十将领”之一，立下了卓著的革命功勋。1934年10月，罗炳辉率红九军团共1.1万人参加长征，全程殿后，以在右后侧负责掩护全军转移为战略任务。因其神出鬼没，“短小精悍，宜于机动”，被周恩来誉为“战略骑兵”，并赢得“神行太保”的美名。1935年7月4日，蒋介石发布悬赏缉拿红军将领之赏格，规定：“1. 生擒朱毛两匪首者，各奖银十万元，献首级者各奖银八万元。2. 生擒罗炳辉、林彪、彭德怀、董振堂、徐向前者，每名各奖银八万元，献首级者各奖银六万元。3. 生擒周恩来、张国焘、王稼祥者，每名奖银五万元，献首级者每名奖银三万元……”红九军团作为唯一一支先后隶属于红一、四、二方面军的部队，自福建出发，经闽、赣、粤、湘、桂、黔、滇、川、康、甘、宁11省艰苦、紧张、精彩的长征之旅，前后行程4万余华里，一路披荆斩棘，一路扩红，并为中央红军争取了丰富的物资补给，谱写了红军长征史上流光溢彩的恢宏篇章。

1938年，罗炳辉从延安抗大毕业后（他本人也是抗大二期游击战术课的教员），以八路军副参谋长的名义在八路军武汉办事处为抗日统战和延安抗大、陕北公学招生工作四处奔走，为抗日事业争取了力量。1939年，罗炳辉奉调入新四军，率部在敌伪心脏南京附近地域广阔的苏皖地区开辟、发展、扩大淮南抗日根据地，指挥了著名的火烧来安城、金牛山反袭击战、桂子山战斗等诸多战斗，筑成了令敌伪胆寒的“罗炳辉防线”，创造了梅花战术的光辉范例。他以卓越的军事指挥才能和爱民亲民的风范赢得了根据地人民的衷心爱戴，成为最贴近人民群众的抗日战将。从此，华中敌后流传着一个传奇的故事：“有一位天神，看见日本鬼子糟蹋老百姓，便下凡来，指挥他的神兵，拦住鬼子，救了我们。”人们用“我们的救星”“福将”和“我们的罗司令”来称誉这位“下凡的天神”“罗汉”。他的威名，已为日本间谍波多野乾一著的《延安水浒传》所记载；他的身影，亦为日寇兴亚院华中联络部编撰的《解散以来的新四军》所捕捉。

罗炳辉故居

罗炳辉自红军时期始就是军中赫赫有名的神枪手。他能单手举步枪击落树梢上、天空中的飞鸟。一次战斗中，为了掩护部队转移，他单枪匹马，依仗有利地形，仅凭一支步枪，就封锁住一个路口。他本人曾自述“一枪命中三个半敌人”，其如神般运用游击战术，创造的梅花战术以“分点段阻挠与纠缠敌人，无论敌伪跑到什么地方，前也打，后也打，左也打，右也打，四面八方都扑着打”，不断牵制敌伪、纠缠迷惑，打得日伪落花流水。仅 1941 年的金牛山一战，即毙伤日军 200 余人、伪军 300 余人，俘日军 2 人、伪军 30 余人。罗炳辉以强有力的抗战建军实绩鼓舞了根据地军民，军中音乐家晓河抑制不住内心的激情，1944 年即以部队传唱歌曲《罗炳辉射击手》赞颂他：“高高树上一只小鸟，砰通一枪把它打倒，谁是这样高妙的神枪手，罗炳辉是射击的好榜样！打靶瞄准百发百中，射击敌人决不落空，谁是这样高妙的神枪手，罗炳辉是射击的好榜样！爱护武器，好比生命，使用武器，好比手臂，手快眼快，准确沉着，操练认真，学习经常，罗炳辉是射击的好榜

样！好榜样！是个好榜样！”

他从严治军，注重技术和战术训练，重视地方武装和民兵建设，全面提高部队战斗力，他教育指战员要“静如处子，动如脱兔”，“平时多流汗，战时少流血”。更注重走群众路线，搞好军民关系，对人民敬如父母、睦如兄妹。每逢农忙季节、水旱灾荒或冬天大雪封门，他都要登门慰问群众，他集合指战员说：“大家知道，人民群众是革命军队的母亲。现在，母亲有了困难，需要我们的帮助，我请同志们立刻到母亲那里去尽孝道。”群众面临的困难，他总是想尽一切办法帮助解决。群众也把他当作自己人，有什么事都喜欢向他唠唠。他每到一处，群众就奔走相告：“罗司令来了！”有一次，罗炳辉带领部队行军，经过一座用渔民的船只搭成的浮桥，他停下来问渔民：“军队使用你们的船搭桥，你们不能打鱼了，给了什么补偿？”渔民对他说：“答应给米，还没发，而且太少了。”罗炳辉急忙赶到桥头兵站查询，兵站说原来规定要给米的，可是地方政府因未接到上级规定，不肯发粮了，兵站已经打报告，上级尚未答复。罗炳辉生气地说：“人家在饿肚子，你们却在等公文。为什么不一面发米一面派人到上面去报告？让群众饿肚子埋怨我党我军，你们就过意得去？我们做事是对人民负责呢，还是对公文负责？”他命令立即发米，安排好群众生活。

罗炳辉教育指战员说：“我们是共产党领导的民主政权，如果不全心全意为劳苦大众谋幸福，不为老百姓主持公道，就和旧政权没有了差别。人民就不拥护我们，我们就没有立足之地！欺压群众就是败坏共产党名声，就是帮助了敌人！绝对不能允许！”他对部队执行群众纪律工作抓得非常紧，不能容忍任何损害群众利益的事情存在，当地人民称赞他是“罗青天”。

艰苦紧张繁忙的战斗之余，罗炳辉抓紧每分每秒，审阅、编写、修改了大量的战斗报告和战斗日记，撰写了系列军事论著，体现了一位只上过3年私塾的红色革命战将胸中拥有雄兵百万的军事家本色。他撰写发表了《淮宝战役的战术诸问题》《反“扫荡”中区乡武装及民兵战术问题》《纪念“七七”与坚持淮南敌后抗战》《关于部队整训工作的指示》《开展部队机关的生产运动》等军事文献，出版了军内干部读物《淮泗半月记》《指

挥员熟用手册》等军事论著。其近50万字的《罗炳辉军事文选》已于2011年由军事科学出版社出版。

1946年夏，罗炳辉率部北上山东，任新四军副军长兼山东军区副司令员。常年征战的他此时已饱受战争的磨砺，病魔缠身，但在国民党军发动空袭时，他仍亲自指挥群众和部队进入防空洞避险。6月21日，长期积劳成疾的罗炳辉没能坚持到人民解放战争胜利的那一刻，光荣地走完了驰骋疆场的一生。

他一生为人民奋斗，人民也将永远铭记他。罗炳辉去世后，陈毅为其执绋送葬，在墓前做了长篇讲话，并连夜创作了长诗《悼罗炳辉将军》，称“戎马三十载，将军滇之雄”。26日，为纪念罗炳辉将军，苏皖边区政府发布政令，将皖东天长县改名“炳辉县”。中华人民共和国成立后，罗炳辉将军遗体迁葬临沂华东烈士陵园，周恩来、朱德、刘少奇、任弼时等国家领导人在墓壁题词纪念他。1951年，安徽芜湖创建“炳辉烈士子弟学校”纪念罗炳辉。1987年建军节，罗炳辉的青

罗炳辉将军纪念馆

铜像矗立在安徽省城合肥。1989 年 11 月，中央军委通过《人民日报》和《解放军报》向全世界公布了 33 位军事家的名字（1994 年又增补 3 位），其中有 8 位军事家为中国人民解放事业献身，里面就有罗炳辉，这也是中国人民解放军军事家中唯一的云南籍将军。1997 年，安徽天长市创建炳辉中学纪念罗炳辉的不朽功绩，其铜像也在家乡昭通市落成。2005 年，国家邮政局发行《人民军队早期将领（二）》纪念邮票，罗炳辉作为杰出军事家登上国家名片。2009 年，他被中宣部评为“为新中国成立做出突出贡献的 100 名英雄模范人物”之一。

罗炳辉，这位从乌蒙山中走出的军事家，用毕生的精力实现了自己的誓言：“人生最快慰的是真正勇敢地牺牲个人的一切利益，最热诚努力拼命地为民族独立、自由、解放而斗争，尤其要为劳动大众的解放和利益，以真理、正义、公道，为人类的幸福而斗争。” 正如“左联”作家陈辛仁赞颂罗炳辉的那样：“他的名字在华中华南的人民群众中，就好像恰巴耶夫（夏伯阳）的名字在顿河流域一样，被广泛地传播着、感念着。正如所有的人民英雄一样，他是中华民族的优秀儿女。他将近五十年的生涯，都在为民族解放、人民翻身尽忠尽孝。他是群众的儿子，又是人民的英雄。”

将军山原名哨营山，位于城北，与半边山相连，矗立于洛泽河与发达河、小米溪交界处，山势峻峭，森林密布。旭日东升之际首先接受阳光洗礼，夕阳西下之时阳光最后笑离。罗炳辉将军纪念馆坐落于该山的下部，馆后“千步梯”、古式高亭等建筑，使整座将军山更显雄奇壮美。2005 年 11 月，中共中央宣传部确定此纪念馆为“全国爱国主义教育基地”，云南省人民政府亦先后命名为省的“爱国主义教育基地”“国防教育示范基地”。是全省 4 个红色教育现场教学点之一，是昭通市唯一的革命人物纪念馆。

占地约 7000 平方米的纪念馆，还是人们休闲娱乐的公园。每天成百成千的人进出，散步、叙谈、漫游、纳凉、歌舞、登山……各得其所。馆后山上建有“千步梯”、人行走道、古式高亭，是爬山、练功、玩鸟、乘凉的好地方，广场是召开各类大会、进行各种活动的

重要场所。

将军山还是“角奎八景”较集中之地。分外八景与内八景。一首打油诗描述外八景曰：“凤凰展翅双壁献，鲤鱼飞来龙门跃。十八学士朝文昌，南屏晚照映花桥。”诗中所指地名是：老鹰嘴与河湾、尖山子，发界鲤鱼潭与龙头山，半边山、尖山子一带的 18 个山头与修在哨营坪子的文昌宫，苞谷山一带群峰与花桥、小河两村交界的大碑岩。道光三年（1823 年）民众集资在大碑岩上修筑拱桥似的人行道，与河中水花相映成趣。路碑石柱上刻有一副对联：“花以水貌取，非花犹如花；桥将岩势成，无桥却似桥。”横额“花桥”，成一别致的自然人文景观，花桥村由此得名。内八景说法有异，归结起来有 12 景，即乐只春游，双江洗壁，渔翁垂钓，北岸高峰，哨营朝阳，鹰峰观日，马蹄古迹，古树钻墙，偏岩骇浪，棺山夜月，倒挂木叶，一步三拱桥。这 12 景哨营山就占前 5 景，加文昌宫就是 6 景。乃民间认为的风水宝地。

“乐只春游”即指乐只亭，因有 8 个面 8 方翘角，故民间称八角亭，位于现纪念馆广场处。此亭建于民国四年至五年（1915—1916 年），取诗经中“乐只君子，民之父母”之意。亭共 7 层，有书画、品茶、娱乐等室，壁上挂有诗词、对联、绘画等物。亭门外两根石柱上刻有“表里山河，日月光华”对联，门头上是“乐只亭”三个大字。有人写对联曰：“亭成乐只任遨游，四围山色点缀优。”远近皆首先入目，是县城一大景观。

革命先驱刘平楷

ZHAOTONG

“残冬一别，瞬已落红满地，燕语梁间了。翠湖堤边，月上梢头，常常有痴人踽踽，默对落花，愿把伊人的别恨离愁，交给花魂月波，传达到在慈母怀抱中的友人去。但是呵！落花无语，凉月幽泣，伊人的情怀，只有化合在清凄的月波里。”这是 1930 年 4 月 8 日，一位年仅 28 岁的共产党员写给共青团员姜若蘅的密信。这位写密信的人，在一个月后因叛徒出卖被捕。他，就是时任中共云南省委组织部部长的刘平楷。

“残冬一别，瞬已落红满地，燕语梁间了。翠湖堤边，月上梢头，常常有痴人踽踽，默对落花，愿把伊人的别恨离愁，交给花魂月波，传达到在慈母怀抱中的友人去。但是呵！落花无语，凉月幽泣，伊人的情怀，只有化合在清凄的月波里。”

这是 1930 年 4 月 8 日，一位年仅 28 岁的共产党员写给共青团员姜若蘅的密信。信中所言所叙，文辞优美而又晦涩难释，其实际含义我们早已无从考证。这位写密信的人，在一个月后因叛徒出卖被捕。

他，就是时任中共云南省委组织部部长的刘平楷。此时，距刘平楷从上海回云南工作还不足半年，距他倒在敌人的枪口下已不足 4 个月。

刘平楷如何回云南工作的？这还得从 1928 年说起。这年年底，受中央委派，刘平楷以特派员身份与谢觉哉前往东北视察工作。此时正值中共满洲省委遭破坏，省委负责人除张任光幸免外全部被捕。中央获悉后即令刘平楷迅速着手恢复满洲临时省委。刘平楷、张任光在满洲召开党团联席会议，组成中共满洲临时省委，刘平楷

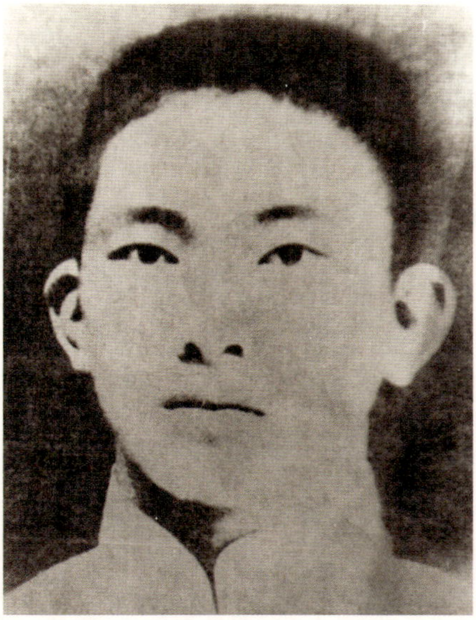

任书记兼军委书记。

1929 年 2 月 16 日，中共中央正式批准成立新满洲省委，书记王立功，刘平楷为常委。由于王患病治疗，由刘代理省委书记。他受命于危难之际而任劳任怨地工作，到哈尔滨等地着手恢复和健全基层党组织，重新制定满洲省委的工作方针，通过了一系列重要文件。东北广大地区党组织迅速得以恢复，党员队伍发展壮大。4 月底，刘平楷被调回上海。同年秋，中共云南省委派吴少默到上海向中央汇报工作，并请求派刘平楷回云南工作。经中央同意后，刘于 10 月中旬回云南。

对于刘平楷，当时的云南党组织并不陌生。他字履端，又名少猷、少游、少尤、绍猷，化名程伯言、一飞、朱铨等，1902 年 10 月出生在彝良县角奎镇一户小康商人家庭。1922 年刘平楷从云南省立一中赴京求学，途中他认真观察、分析内忧外患的社会现实，将所见所闻写入《旅京日记》，对 “四亿同胞，日处于水深火热之中” 的国家前途忧心忡忡，愤怒谴责 “万恶军阀及傀儡政府” 对内不能 “保民”，对外不能 “筹抵制之方”，深刻指出 “资本贵族制度不消灭，平民无再生之日”，这对他后来投身革命，立志 “为吾国平民援助” 起了积极的推动作用。不久，刘平楷考入国立北京美术专科学校，同时到励群学院选修英语。翌年秋转入国立北京世界语专门学校学习，参加在京云南省立一中同学会，后又参与组建云南革新社（后更名“新滇社”），出版《革新》周刊（后改名《铁花》），先后加入中国社会主义青年团和中国共产党，积极投身反帝、反封建、反宗法社会运动。

1923 年，震惊中外的京汉铁路工人“二七”大罢工爆发，受党派遣，刘平楷以信阳铁路工会秘书、国民党信阳市党部秘书身份到长辛店协助邓中夏做宣传工作。翌年秋，党派刘平楷到河南信阳工作，不久被选为国民党信阳市执行委员。他利用一切机会发动群众，支持国民革命军。在刘平楷等领导下，信阳各区农会相继成立，分会达 50 余个，约 5 万人，成为全国农民运动的先导地区之一。不久，以王若飞为书记的中共豫陕区执行委员会成立，刘平楷担任常委分管信阳工作。“五卅”惨案后，刘平楷组织领导了信阳的反帝斗争，他组织成立信阳沪案后援会，创办《血拼》三日刊，召开声讨大会，掀起轰轰烈烈的罢工、罢课、罢市运动。敌人遂将刘平楷逮捕，激起全市工人、学生集会请愿并通电全国，当局迫于群众的压力不得不将其释放。

1926 年，刘平楷受中共中央和全国铁路总工会派遣，到中共南京地委工作，负责津浦路南段工人运动。9 月 26 日，他深入调查后向中共中央做了《关于津浦线（南）段工作报告及今后计划大要》的书面报告，强调党的组织工作“要取得有组织有战斗力的群众，先要有坚强伟大的本身组织，实际成为群众的核心，才能领导群众的一切斗争”，主张“一个革命的共产党员”要有“确定的无产阶级的人生观和革命的彻底意识”。他告诫党员：“共产党人要比其他人更能吃苦，才能做发动群众的工作。”

翌年 1 月，刘平楷身兼两浦职工运动工作，组织工人纠察队，拆毁沪宁铁路龙潭东站和津浦铁路入南京北门附近的轨道，破坏军阀的军事运输，缴获孙传芳部一个连的武器。3 月下旬，以国民党南京市党部常务执行委员的身份出席各种会议，主持召开各界、各团体群众集会，宣传孙中山“联俄、联共、扶助农工”三大政策。4月10日，主持召开了各界各团体20多万人参加的南京市民肃清反革命派大会，蒋介石派军警向请愿群众开枪，酿成“4·10”流血惨案，南京党组织随之遭到破坏。12日，蒋介石在上海发动“4·12”政变，大批共产党员遭捕杀，党组织受严重破坏。危急时刻，中共江浙区委任命刘平楷为南京地委书记。5月初敌人在南京加紧“清党”，刘平楷被迫撤到上海，受命在闸北区着手整顿党的组织。不久，调任沪东区委书记，年底又调回闸北区任书记。

1928年5月初，中共湖北省委遭到破坏，中央立即派刘平楷为书记组成临时省委到武汉恢复党的组织。在刘平楷等人的有力领导下，到10月底，湖北各地党的组织日趋健全，全省发展党员达6000余名。11月6日，省委、军委机关工作人员在与外县党员接头时不幸被捕。当晚，军委机关遭到破坏。刘平楷临危不乱，决定撤离以避免遭受更大损失。中旬，又奉中共中央指示撤回上海。

从上海忍辱负重回云南工作后，刘平楷不计个人职位高低和名利得失，忘我地抱病工作。他经常深入基层了解情况，发动群众。党组织的经费异常困难，他就以各种借口写信回家向父亲要钱以贴补党的经费，还计划搜集云南社会经济资料写成专著寄沪出版。刘平楷母亲去世后，灵柩在家停放3年多，其父多次要求他省亲葬母，都因革命工作而未竟。他在给四弟的信中说：“慈祥的母亲是死了……我们的哀痛是永恒的遗留在我们的内心里，我们只有在向上的努力中，去怀念我们不能再见了的先母。”关于安葬母亲一事，主张“根本废除一切恶习，把许多无聊的靡费节省出来，办一个小规模的公共图书馆。一则用永志追念母亲，同时是有益于地方有志青年”，他“恳切地请求父亲摒绝一般人士的非难，为破除陈腐，提倡地方公益事业开先河”。

刘平楷被捕后，党组织及亲属曾多次开展营救，均未奏效。在狱中，刘平楷非常挂念在外面的同志，他常对人说：“只要齐人（王德三）安全无恙，我死也无恨！”在一次提审中，敌人问他：“你的爱人是谁？”他说：“我没有爱人呀！”敌人说：“马冰清（王德三爱人）已招认了，你还抵赖！”刘平楷马上意识到马冰清为了掩护王德三而冒认自己是她丈夫，于是马上说：“她既已承认，我也不否认。”刘平楷早已做好为革命献身的准备。他揣着一块白里透红的雨花石，已被磨得晶莹透亮，他常对它凝视沉思：有多少革命志士的鲜血流在雨花台呀，这红红的雨花石不正是烈士流血牺牲的见证？他决心以烈士为榜样，勇于为革命流血献身。他给远在上海的妻子写信：“如果我死了，不要悲伤，也不要为我守节，为党的事业，为人民的解放而死，我心甘情愿。”

刘平楷对去看望他的亲友说：“我自赴京求学到如今已奋斗整整八年，八年心血不甘付于一朝，但敌人凶狠残暴，扼杀革命，为党的事业和自己的人格，我决不苟且偷生。”

1930 年 7 月 26 日下午 2 时 30 分许，看守突然叫刘平楷出去，他知道，敌人就要下毒手了。他与同房难友示意告别后，镇定自若地向外走去。临刑前，他说：“大丈夫不怕死，为何以死惧之！成全我一个烈士的美名，不也好吗？！”随后，敌人以“赤化代表”“勾结迤南匪党图谋不轨”等罪名，将刘平楷和张舫带到监狱后面的夹墙中秘密处死。

年仅 28 岁的刘平楷英勇就义后，在昆亲友把他安葬在昆明北门莲花池义冢内。中华人民共和国成立后，在昆明市黑龙潭和彝良县创业山烈士陵园，当地政府先后修建了刘平楷烈士衣冠冢彰先烈事迹。

建军勇士钟德禹

ZHAOTONG

参加过讨袁护国战争的钟德禹，在南昌起义的枪声中率部英勇拼杀，身负重伤，行至抚州之间，沿途都有敌军围追堵截。钟德禹在抚州临川县掉队被敌抓住关押，遂壮烈殉国，年仅 37 岁。

1891 年 4 月生于彝良县角奎镇西正街的钟德禹，1915 年春投滇军。1916 年初在第一军第三梯团第六支队任班长，入川讨袁。在纳溪战役中，护国军与敌激战三天三夜，在朱德指挥下，一个夜间奇袭歼敌 6000 多人。第二天蔡锷又把两个营交给朱德指挥，官兵齐心合力，士气高昂，以一当十，势如破竹，勇不可当。敌人死伤惨重，纳溪战获大胜，钟德禹率全班冲锋陷阵，臂部受伤，因作战勇敢被提升为排长。护国军在兵员粮饷得到很大补充后，又在川南向北洋军展开全面进攻，钟德禹伤愈后参加战斗。又先后攻占宜宾、江安、南川、彭水、綦江等地，包围敌军大据点泸州。他抱定牺牲的决心，在家书中写道："当兵人是提着脑壳耍的，随时都可能战死。古人言：'人固有一死，或重于泰山，或轻于鸿毛'，我参加蔡松坡领导的讨袁战争属于正义战争，死何惧哉？袁世凯复辟帝制之路是亡国灭种之路，不推翻袁世凯这个卖国贼，国无宁日。如果我死了，家里不要伤心，为国家和民族的生存而死是光荣的。"袁世凯暴亡后扫清残敌，钟德禹随部进驻成都，被提升

为连长，进教导队。

1921年至1922年间，顾品珍与唐继尧进行争权夺利的混战，唐胜顾败，余部退到两广，钟德禹到杨希闵部下任营长，参加讨伐叛军陈炯明。经罗炳辉等人推荐，钟德禹到朱培德部下任职。1926年7月任营长随部出师北伐，率领全营官兵冲锋陷阵，攻占南昌立功。进驻南昌后，钟德禹任南昌市公安局第五处处长，率六百人枪。

1927年8月1日凌晨2时，“砰、砰、砰”三声清脆的信号枪声划破寂静的夜空，处长钟德禹率所属公安干警猛扑敌阵。全市枪炮声响起，喊声震天，经过五个多小时的激战，全歼南昌守敌一万多人，缴枪一万多支，取得起义的伟大胜利。钟德禹率部英勇拼杀，身负重伤。由于蒋介石、汪精卫联合起来讨伐起义军，前敌委员会决定撤出南昌向广东进发，行至抚州之间，沿途都有敌军围追堵截。钟德禹在抚州临川县掉队被敌人抓住关押。起义前罗炳辉部驻涂家埠，得知钟德禹在押后，他出面保其出狱，但朱培德、金汉鼎要钟反省投降。钟德禹铮铮铁骨，他说：“人生在世总有一死，做人要讲信义，要有骨气，既然已经参加了起义，我信任共产党，没有反悔投降之理，要杀要剐任便，二十年后又是一条好汉。”遂壮烈殉国，年仅37岁。

护国元老禄国藩

ZHAOTONG

彝家好汉禄国藩，早年留学日本，后参加讨袁护国运动，云南解放前夕随卢汉起义。1950 年 9 月，毛泽东主席签署委任禄国藩为云南省人民政府委员。

彝家好汉禄国藩，1884 年出身于彝良县龙海乡红岩村一个富豪家庭。1904 年自筹经费去日本留学，初习政法。后考入日本东斌陆军步兵专科学校学习军事。1905 年，加入孙中山领导的“中国同盟会”，为云南支部主要成员。

1910 年 5 月，禄国藩毕业回云南，被委任为清军陆军十九镇步七十四标第二营代理排长，不久升任队官（连长）。他利用职务之便，联络同志，宣传反清。翌年秋，禄国藩不避危险，常在七十三、七十四两标及巡防营内，向官兵宣传反清的革命道理，联络了不少革命志士，策动起义。清军统制钟麟同侦知禄国藩的活动，拟将其撤职查办。幸得协统蔡锷为他掩饰，才免罹难。同年 10 月 10 日，武昌起义成功，蔡锷、唐继尧等在云南组织新军，策划武装起义，禄国藩积极响应。蔡锷命禄国藩所属第二营为前卫，进攻省垣，急行军至市郊时，七十三标已先期攻入，遂急驰至天台，到市中巡警局出口处，遇清军骑兵队截击，禄国藩率队与之巷战。在攻五华山时，又遭清军机枪队拦截。禄国藩见清军统制钟麟同在阵地督战，命令集中火力对钟麟同射击，击毙其护身马弁，打伤其战马，迫使清军退守万寿宫。在与友军夹攻南大门时，战斗激烈，他身先士卒，率队冲锋，敌溃退，他乘胜追击，生擒该队队官郭昌临等，占领南大门，又奉命总攻总督署。禄国藩率部经甘公祠街从辕门正面猛攻，守敌之机关枪队及步兵队一部被歼，一部缴械投降，总督署被攻占，取得重九起义的决定性胜利。“重九起义”后成立了云南军政府，蔡锷被推举为都督，禄国藩因功擢升警卫大队副大队长。

1912 年，禄国藩被任为援川滇军第一梯团副官长，离滇援川，历时一月，平定川南。回云南后部队进行改编，蔡锷委任他为第二团中校副团长兼第一营营长。第二年调任昭通江防统带，不久改编为步兵第九团，禄国藩任团长。

1915 年 12 月 25 日，云南宣布独立，组成护国讨袁军三个军，禄国藩任第一军第三梯团第五支队队长。随即与第六支队朱德部在梯团长顾品珍率领下，随蔡锷经宣威、毕节、叙州向泸州挺进，击败北洋军主力张敬尧、曹锟部。蔡锷控制四川局势后，禄国藩被委任为陆军第六师步兵第二十三团团长兼成都警察厅厅长。

1917 年 8 月后，禄国藩在唐继尧部任靖国联军总司令行营咨议处处长，滇军总司令部参谋第二部部长。他利用幕僚身份，多次向唐继尧直谏，劝其撤军回滇，与川军和解，休养生息。唐继尧迁怒于禄国藩，于 1920 年 2 月解去其军职。1923 年 1 月，他应朱培德、王均之聘，赴广东任驻粤滇军第三军参谋长兼前敌总指挥。后因孙中山北上议和，驻粤各军将领各怀异心，他不愿卷入争权夺利混战，年底辞职回云南，闲居昆明 5 年之久。

1927 年后，龙云执掌云南政权。禄国藩先后被委任为普洱道尹（后改称为第二殖边督办）、云南省公路总局督办兼云南省官商合办汽车董事长。他提倡实力兴滇，办教育，兴修水利，兴建公路，尤其是为滇缅公路付出了心血。滇缅公路修通后，成为远征军物资供给的主要通道。太平洋战争爆发后，龙云任昆明行营主任，委任禄国藩为云南宪兵司令、防空司令兼昆明警备司令，严格遵纪执法。抗战八年，禄国藩对保障后方安定做出了贡献。

1948 年 4 月，禄国藩经龚自知介绍，加入了国民党，并被选为国民党云南省委委员，参与反内战活动，被选为云南省彝族代表和彝良县国民大会代表，赴南京参加“制宪会议”。1948 年后，禄国藩对他家的佃户实行“二五”减租，家乡群众给予他好评。1949 年 12 月 9 日，随卢汉起义。1950 年 9 月，毛泽东主席签署委任禄国藩为云南省人民政府委员。云南省人民政府聘请他担任省政府参事室主任。之后任云南省第一、第二届人民政治协商会议常务委员。1972 年 3 月 14 日，因病逝世于昆明寓所，遗作有《辛亥革命前后有关云南史实三则》《云南护国前后的回忆》《护国军第一军奉命讨周（骏）经过回忆》等。

救贫义勇是铁军

20 世纪 30 年代，有一支活跃在白水江畔的救贫义勇军，队伍发展到近千人。在牛街、柳溪、洛旺一带浴血奋战，为中国革命的胜利谱写了勇士之歌。

20 世纪 30 年代，有一支活跃在白水江畔的救贫义勇军，队伍发展到近千人。彝良县政府呈文称“该匪等声势浩大，彼众和寡”。云南增加了部队对义军进行围剿。

1934 年 11 月 12 日夜，救贫义勇军千余人从洛旺兵分两路向牛街进发，一路到桐梓林夜袭骆和熙团防中队，另一路到果稠坝击溃堵卡的第六区团防中队。于次日午时，一股由黑洞沟小河直抵牛街分署，捣毁监卡，释放无辜群众，县佐王文龙仓皇由分署后门逃逸；一股由果稠坝直达牛街街道，控制税务局。队伍进街收缴分署枪支，没收分署全部财产和地霸财物，惩处了两名罪大恶极者。当天下午，义勇军全部过河到马鞍山集中，从柳溪方向运行。当时正是初冬，阴雨绵绵，道路泥滑，一千多人的队伍边走边买粮食，解决吃饭问题，行军速度很慢。第六天晚到达洛旺中厂老母坎鸽子山的蒿枝坝，住进王姓三座大瓦房及周围群众家。住下洗脚后，都把草鞋穿上，以防万一，做好战斗准备。义勇军几位指战员坐在一起高兴地盘算着：所有缴获铜钱、银圆、鸦片折合起来估计有 60 多万元，计划各带 10 万元到重庆和成都去，分别开设一个大旅馆，

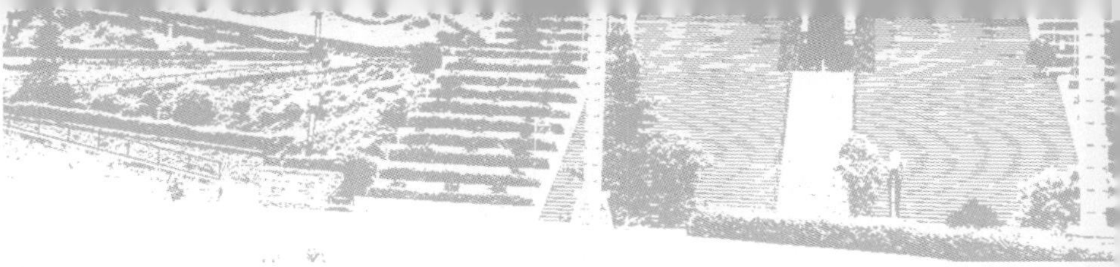

接收革命同志和英雄豪杰；花 10 万元买枪弹，加强队伍装备；用 10 万元买钢材，在洞子里造枪弹，长期供应军需；其余做活动经费。展现出厉兵秣马、励精图治的宏伟前景，人人兴高采烈，当夜，人困马乏，倒下铺去就睡熟了。

万万没有想到的是，敌人的速度这样快，来得这样迅速。昭通滇军安旅接到彝良县政府牛街被陷的上报后，立即派出 6 个连队人马，只带枪弹，轻装追击。于 11 月 13 日到达彝良县城，又和县署的武装及地方团队组成 12 个连，日夜兼程追来。敌军的先遣部队一个连首先到达蒿枝坝，用一个班打冲锋。哨兵发现敌情，询问口令对不上号，立即鸣枪示警。战士吴显超听到鸣枪就翻身跃起，立即打死三个敌兵，再掏出手枪冲杀，又毙敌多名，把进攻的敌人堵在门前。这时指战员们从睡梦中惊醒，立即投入战斗，一时短兵相接，在院坝里与敌人混战一团。这时敌人大部队也赶到，敌层层将游击队围住，游击队各自为政与敌展开激战，司令杨伟贤临危不惧，带队死拼硬杀，掩护主力突围。敌人穷追猛打，紧跟进剿，队伍被打散。突围出来的队伍钻进大雪山，在山洞里隐蔽下来，躲过了敌人的搜捕。

此战，义军牺牲 70 多人，伤员不少，被俘 10 余人，队伍被打散，在牛街缴获的东西几乎全部丢尽。敌军也损失惨重，滇军在牛街开“庆功”大会，并枪杀了被俘人员。滇军撤走后，失散人员陆续回到建武大龙潭根据地，指战员研究决定，队伍分散，化整为零，缩小目标，保存实力，以待时机。

大黑山下回旋战

ZHAOTONG

一支铁流与思想的队伍，在磅礴的乌蒙高原，悲壮地迂回、穿插，1936年的大雪，不断落在红二、六军团漫卷西风的旗帜上。在围追堵截的枪声中，贺龙和他的战友们身后，跟着马蹄声碎的“收割机”和宣传队，跟着真理与国策的“播种机”，在长空雁叫的大黑山下，用火把寻找一条正确的路线。

红二、六军团的长征，是整个红军战略转移的大后卫，面对国民党军队130个团的封锁，地方反动武装的追截，他们南下湖南、旋风般地横扫贵州全境，继而转战乌蒙，出走滇东，突破重围，越过封锁。他们孤军奋战的经历，带来几多神秘和传奇。在云贵边区开展的乌蒙回旋战，是决定红二、六军团生死存亡的一盘棋，滇东北重镇的彝良奎香，则是这盘棋上的一颗关键棋子。

1936年2月27日，红二、六军团撤出贵州毕节，沿着毕节威宁道运行，跨进赫章，进入乌蒙山。乌蒙山是云贵川三省交界地的一个结头，海拔2000余米，从东北向西南的走向，形成一个蔚为壮观的高原地带。按照军分会的决议，全军要开到贵州西南面的安顺地区重新开辟一块根据地。敌方已看到了红军的战略意图，敌万耀煌纵队盯着红军追得最急，抢先占领了距赫章一步之遥的七星关。李觉和郭汝栋纵队已先于红军赶到威宁地区在前面堵红军，云南军阀龙云的滇军，早已沿着滇黔边境部署防守。天上有飞机侦察、轰炸，地上有敌前堵后追，红二、六军团陷入举步维艰的境地。

奎香红军长征纪念碑

军团首长们对敌人的意图也很明确，敌人是想把红军围歼于川滇黔边巴掌大的一块地盘里。在行军路上的一块开阔地，贺龙、任弼时、萧克、王震在马头上谈笑自如。贺龙笑着说：“敌人的判断我很清楚，他们以为我们要想方设法北渡金沙江，我们就来个将计就计，改变原来的行动路线，不去安顺，往乌蒙山北麓发展，去云南镇雄、彝良、盐津方向，看他们作何运作。”萧克、任弼时、王震沉思片刻，表示十分赞同，他们对贺龙胆大心细的用兵韬略早有领教，眼前是故意给敌人一个误导，不愁对方不上圈套。敌人东堵

西截，战线长，数量上占优势的敌人在拖沓中必定显出劣势，相对弱小的红军，便可以短小精悍的身躯进行游击，在运动中找机会歼灭敌人，变被动为主动，变劣势为优势。这便是乌蒙回旋战的基本立意。

彝良县的奎香，自古是兵家用兵之地，称为三省锁钥。红二、六军团当即分别从妈姑、赫章地区出发，掉转马头，直奔奎香。3月6日，红二军团进入彝良县境寸田和坪地（今奎香乡境）。次日，红六军团沿红二军团路线进入奎香。

果然不出所料，敌人误以为红军要经镇雄，向彝良、牛街、盐津方向突围，过金沙江，进入四川与红四方面军会合。立刻改变原有部署，命令各路人马向北直奔镇雄、彝良、盐津堵截红军。川军一〇四师开赴彝良牛街，沿白水江一线设防。

敌人阵营顷刻大乱，各路敌军离红军都较远，唯有樊嵩甫的二十八师仍按原来的部署，在红军后面穷追不舍。越追，离红军越近，离敌主力越远，处于孤军无援境地。军团当即决定，在以则河设伏，歼灭敌二十八师。命红二军团四师、红六军团十七师在赫章

奎香红军长征纪念碑广场

的以则河、法冲一带设伏，五师到恒底游击牵制敌七十九师。

红十七师部3月7日下午到奎香，战士们吃了一顿饱饭，洗了一个好脚，天不见黑，就呼呼入睡了。师部接到命令，要部队立即做饭，吃一餐，带一餐，星夜出发，沿来路返回25公里，到以则河地区设伏，待机歼敌。

打仗，消灭敌人，这是红军指战员们的最高准则，一听说有仗打，战士们心里都有种莫名的兴奋，忘记了白天行军的疲劳，立刻起来整装待发。由村民韩怀民、迟绍林带路，部队摸着黑，跑步前进。

云贵高原的初春之夜，伸手不见五指，两旁是连绵不断的山峦，脚下是潺潺流水的小河，寒风凛冽，行进艰难，指战员们一个劲地吆喝："跟上部队，不要掉队。"部队以飞快的速度前进，不到天亮就赶到以则河设伏地。刚停下来，露水、汗水湿透的衣裤一片冰冷，战士们牙关咬得格格直响，不由自主地在原地踏步取暖。"趴下，不准动，不要暴露目标。"一声命令，原地踏步的战士们往冰冷的泥地一趴，静悄悄的，眼望前方，等待敌军进入伏击圈。

第二天早晨天刚蒙蒙亮，才出现约两个加强连的敌人。然而敌人很鬼，刚进到以则河，就停止不动了，而后续部队也没有影子。是打，还是等，师长刘传连正在考虑的时候，突然前边枪声大起。原来，敌搜索连与红军警戒哨不期而遇，二话没说就打了起来。这时，冲锋号响起，伏击的部队从四面八方压向敌人，机枪、步枪、手榴弹劈头盖脸地向敌打去，敌无一人脱逃。在这深沟里，毙敌300多人，缴获大批武器弹药。敌主力听到前方的枪声，不明深浅，不敢轻举妄动，就地筑工事准备抵抗红军的进攻。红十七师也不去打有准备之敌，立即撤出以则河，当日又返回奎香。

广德关位于镇雄县西南的高山之上，是奎香进入镇雄的交通要道，它的北面是万丈深渊的大河谷，西面是乱石林立的石

笋沟，南面是陡峭异常的南天门，这里是军事上易守难攻的天然屏障。区团长陇确佐奉龙云之命，集武装民团数百人，以分水岭为第一道防线，广德关天险为第二道防线，开挖战壕，修筑碉堡，加固防守。广德关是红军必经之地，是红二、六军团各师联系的一条通道，不把这颗钉子拔除，其后患无穷。

3月9日下午，红二军团先头部队从彝良的寸田快速进入镇雄的花山，打死哨兵，一举突破分水岭防线，红军行动之神速和战斗之英勇，早把第一线的守兵吓破了胆，他们不敢开枪，只顾逃命，红军顺利进入放马坝。此时，侦察员已摸清广德关的布防情况，敌人认为红军不会进入石笋沟这条死路，因此，沟内戒备不严。石笋沟，是一道从无人走过的死沟，两侧是望不到顶的悬崖绝壁，中间地带怪石林立，石戟如剑，拔地而起，战士们在这深沟里摸着黑路走，那锋利的石棱时常划破他们的手脚，乱石丛中那坷坎地上，红军时常摔倒。指战员们就以这种英雄的胆量、坚毅的意志走过这八里多怪石锋利的石笋沟，潜伏在广德关下。

10日黎明，团兵们还死猪般地睡在床上，当红军战士出现在敌哨兵面前时，敌哨兵还昏昏迷迷地问："你们见到红军没有？""我们就是红军。"这一惊把哨兵吓得呆若木鸡，乖乖地当了俘虏。这时冲锋号响起来了，激烈的枪声响起，那些从睡梦中惊醒的民团，枪也顾不上拿，连滚带爬地抱头鼠窜。枪声响得紧，死的人不多，枪是长了眼睛的。临行前，军团首长向指战员吩咐，这些民团都是土豪劣绅拉来的穷苦农民，有老有小，放他们一条生路，枪可打激烈点，不要伤着人，把他们撵跑就得了。

枪声一响，广德关的守兵跑得空无一人，红军占领了军事要地广德关，控制了奎香通往镇雄的重要关隘，保证了主力部队的顺利进军。

以则河一仗，使敌人大惊，立刻调整战略部署，命各军向红军靠拢。郝梦龄和万耀煌两纵队火速赶到镇雄以南地区，拉开阻击红军北上的防线，其余各路纵队取捷径运行到红二、六军团的两翼夹

击，樊嵩甫纵队仍在后面穷追不舍。红二、六军团在敌人铁桶般的围困下，面临着生死存亡的抉择。

10日，红二、六军团辙离奎香，准备往安顺行进。11日，红二军团四师到达以萨沟，六师到达巴溜。

这天，天飘着蒙蒙细雨，贺龙、任弼时、萧克在以萨沟的一间小屋里，聚精会神地看着那张破地图，想在地图上找到红军的突破口。忽接到侦察情报，敌万、郝纵队由威宁直插镇雄以南，预计3小时后，与红六师遭遇。红四师十二团从一俘兵的口供里称，敌万耀煌之主力十三师，将于12日经赫章的哲庄坝赶至镇雄截击红军。军部立即下达命令："四师配合六师，选择地形，伏击万耀煌的后梯队。"

打万耀煌，有贺龙的道理。因为万耀煌这个人，一直猖狂冒进，多次吃亏也不收敛，并常常得到剿共司令顾祝同的嘉勉，树

奎香烈士墓

为各路敌军的榜样，他根本没有把红军放在眼里。打万耀煌亲自指挥的后梯队十三师，挫一挫他的锐气，对别路敌军也是一个严重警告。红四师、六师分两路轻装兼程前进，越过巴溜赶至哲庄坝的三锅庄、大垭口处埋伏。当敌十三师先头部队进入大垭口伏击圈时，红军以迅雷不及掩耳之势发起进攻，将正在行进中的十三师分截两段，将夏鼎新旅压在桃园，把潘祖信部压在哲庄坝。其首尾不得相顾，狂妄骄横的敌纵队司令万耀煌，指挥完全失灵。这一天，天下着雨，路很滑，战斗一打响，敌军便像潮水般溃退，敌军穿的是胶鞋，一跑一跤，有的干脆丢掉胶鞋，光着脚，没命地逃，骑在马上的被打下马，顺路跑的被打下沟。

战斗激烈进行着，六师政委廖汉生与十八团团长成本兴，政委余秋里守在要害处。敌人发起冲锋，想以此为突破口冲出去，一次又一次，都被密集的火力压了下去。这时，团长成本兴举起驳壳枪，刚要喊“冲”，敌方一梭子打过来，余秋里眼疾手快，伸手去把成团长拉开，恰在此时，子弹已钻进余秋里的左臂。他让警卫员扎了块毛巾，要冲出阵地。师政委廖汉生、团长成本兴抓住他，要他下去休息。余秋里却风趣地说：“一点小伤，算得了什么，还好，打着的是左手，右手还可打枪。”于是，他跳出掩体，用右手抚着左手，在阵地上来回地跑着，不断地给战士们鼓劲：“同志们，狠狠地打，不要放跑了万耀煌。”不料又一颗子弹从他负伤的左臂上钻了进去。由于在行军途中，余秋里的伤迟迟不能治愈，直到长征后才做手术，截掉了左手，成为红军将领中的一名独臂将军。

战斗一直打到黄昏，敌四十七师和九十九师已从镇雄方向赶来援救，部队才撤离出来。此役毙敌200余人、俘敌300余人，缴获大量的战利品，敌纵队司令万耀煌侥幸脱逃。

则庄坝战斗刚一结束，敌人便疯狂地扑向红二、六军团主力。原对红军剿办不力的龙云这下也积极起来，他生怕像上年贵州的王家烈那样，以“剿办不力”轻易地被老蒋“吃掉”。他的方案是，能在滇境内消灭红军那为上策，消灭不了，也要用重兵将红军逼出滇境。四川方面，杨森更狡猾，为防红军入川，沿江一线，防守得铁壁一般。龙云的压力就更大了，他把滇军各军布防在昭通鲁甸、大关、盐津、镇雄、彝良一线，对红军又是追又是堵。此时，敌各路纵队已控制所有远近制高点，敌人企图在镇雄以南山区围歼红军的部署已就绪。在这渺无人烟的深山中，四面都是处于优势的敌人，这是红二、六军团从老家桑植出发几个月来，最紧张、最危险的时刻。看来，不可能再往安顺行进了。贺龙即刻下令：“由红十七师吸引敌人掩护主力撤退，主力向镇雄、奎香方向转移。”这是一个既大胆又心细的行动，军部分拆：通过这几天的乌蒙回旋，敌人被搞得晕头转向，根本不了解红军的战略目标和前进方向，且东奔西窜，已被拖的疲惫不堪，敌军已被我调到东北面，敞开了西南通道，造成了红军南进滇东的大好时机。

大部队的行军，仍遇到各路追敌，红二军团先头部队在财神堂与郭汝栋纵队遭遇；敌郝、万两纵队，与红六军团后卫部队不断接触，南面之敌李觉纵队在赫章、水槽堡一线，距红军最近，随时都可能发生战斗。敌人从四面八方越集越多，包围也越来越紧，红二、六军团分布在镇雄、赫章边界上三十里之狭小、险峻的高山大岭间，漫雾淫雨，气候严寒，坡陡路窄，既不易于高速运动，又易被敌人封锁于深山峡谷之间，有全军覆没的危险。且给养非常困难，部队常在缺粮、缺水中行军作战，长时间的连续作战，不断的强力行军，伤员多，指战员都极度疲劳，部队笨重，掉队的人越来越多。处处险象环生，红军两万余人已进入一条死亡线上。

“全军轻装突围，一分钟也不能耽误。”军团做出总动员令，全体指战员都到连队做工作，要战士们做好忍受和克服各种困难的思想准备，英勇战斗，突出重围就是胜利。所有一切笨重东西都丢掉，连在战斗中起重要作用的两门山炮也被埋掉，政治部除了留下几份重要文件外，其余全部烧毁。突围口选在镇雄西南的安尔洞以西、赫章财神堂以北，斜插穿过西南之敌郭汝栋和北面守敌樊松甫两个纵队之间，向西北方向突进。军团首长分析，郭汝栋老奸巨猾，处处保存自己的实力，不轻易冒进。樊松甫在以则河被打败后，锐气大伤，他把失败的原因归结为是其他纵队见死不救，当其他部队受到打击时，他也绝不会卖命的去援救。利用敌人之间的矛盾选在这个位置突围是最恰当不过的了。部队突围时间选择在深夜，这是敌人最发怵的作战时间段。黑暗中，长长的一溜人影朝着一个方向迅速移动着，战士们脚下高高低低，跌倒了，赶快爬起来，走到险要处，前面的同志拉着后面的同志跨了过去。这是牵系两万多人生命的一次大的行动，千军万马在大山中行走，静悄悄的，又像什么事情也没发生过。时间在一分一秒地过去，群山万籁俱寂，这两万多红军就悄悄地从郝、万两人的眼皮下溜走。战士们突出封锁线，在一块开阔地上，舒展地拉开队伍歇歇脚，突然后面枪炮声大作，刚歇下，战士们又站了起来，情不自禁地使劲往前跑。后来才知道，这急促的枪响是贺老总的诈兵之计，为了掩护主力的行动，贺龙以一部兵力在主力突围的相反方向，给郝梦龄的防御阵地以突然袭击，做假象红军要从郝的防线突围过去，等各路敌军醒悟过来时，红二、六军团已走出 60 多公里，所有围追之敌被远远地甩在后面。

部队从奎香出发，3 天的粮食吃了 5 天，现在一粒粮食也没有了，各连司务长都把矛盾上交给团管理员。是啊，这荒无人烟之地，有钱也买不到粮食，团管理员只得无可奈何地说："只有进山摘野果，挖野菜充饥了。"可战士们多来自湖北，不懂得云贵充饥的野果、野菜。贵州、云南新入伍的红军战士自告奋勇地站了出来，向大家介绍了蕨根、酸梅、"救军粮"等野生植物。一听说有救军粮，大家都很高兴，原来这是矮树上结的小红果，当地人称红籽。几乎各营各连的干部战士，都进山摘野果、刨野菜，把肚子填了个饱，并用口缸、饭盒把野菜装起，留着下一顿吃。

走着走着，战士们觉得地势好熟，不知不觉又到了奎香。

这是1936年的3月16日，红二、六军团陆续返回奎香。从3月10日离开奎香，将近一周的日子，红军越过了多少鬼门关，经受了一场生与死的考验。

红军初到奎香时，村民听信反动宣传，跑到山里躲了起来。后来有胆大村民悄悄下山看个究竟，看到疲惫的红军依枪而卧，躺在街的檐坎上，周围被打扫得干干净净，房屋、财产秋毫无犯。这种军队与过去抓吃抢拿的军队大不同。于是回到山里将情况一讲，村民当夜全部下了山，打开房门让红军住进屋里，烧火给红军取暖，把奎香的特产吹灰点心大洋芋烧熟送到红军手里。次日，红军开动宣传机器，在奎香各地用石灰水写了数十条大标语，其中保存到解放初期的几条标语是："全国人民紧急动员起来消灭倭寇！""欢迎湘川黔滇军联合红军订立作战决定进行抗日救国！""优待白军俘虏官兵！""组织抗日救国政府！""拖死中央军！""打倒卖国狗贼蒋介石！""打倒贪官污吏、土豪劣绅！"中午，在场坝召开群众大会，贺龙在大会上讲了话，他说："在大定、毕节都建有革命委员会，革命形势一片火红，奎香也要建革命委员会，人民群众有自己的政权，起来当家做主人。"在积极发动下，群众拥护红色政权，即在奎香成立了临时革命政府和"粮食平调委员会"，骨干分子迟绍林、韩怀民、陈兴才等被选为委员。红军带领当地劳苦农民打土豪、分财物，为红军筹粮筹款。群众革命觉悟有了提高，起来揭发地主豪绅压迫人民的罪行，召开了群众大会，对王正魁、迟绍清两名罪大恶极者处以死刑。奎香是彝族居住地，红军注意少数民族政策，与当地彝族中的开明人士结成友好同盟关系。对于奎香成立的临时革命政权，红军走后，民国《云南日报》曾做过歪曲报道，称之"匪陷寸田坝时，该政府（指红军组建的临时政府）宣布没收所谓土豪之财产，而所谓财产，不一定是有财产者始被没收"。"选举代表，成立粮食平调委员会，全部为匪所为，别人不能过问，最可恨者，参加粮食评调委员会的委员，因其资格关系，受匪优待，在粮食评调委员会内，每委员分得川盐半斤。"虽系反

动宣传，但也从侧面折射出奎香的革命活动轰轰烈烈。村民积极支援红军作战，给红军做向导，组织担架队、救援队、服务队。几处作战牺牲的红军战士都是村民抬到奎香来安埋的。青壮年积极报名参加红军，奎香、寸田两地有百余人跟随红军长征，人们还知道姓名的有周廷英、曹荣全、曹荣虎、张银才、刘明举、张清明、刘小猫等。红军给村民看病、接生小孩，用钱粮救济穷苦人家，留下许多可歌可泣的动人故事，演绎出一曲曲军民鱼水情。

17日上午，红军要撤出奎香，奎香群众载歌载舞欢送红军，彝胞用重大的礼节吹着唢呐、跳着阿细舞，喝大碗酒敬红军。临走时一位军团首

长讲了话："乡亲们放心，只要反动派没有打倒，穷人没有翻身，人民当家做主的国家没有建立，我们就要与敌人斗争到底，乡亲们，我们还会回来的。"下午，红军离开奎香分两路，一路经李家院子、打仗坡、三锅桩、尖山进入威宁境；一部宿龙街洛泽河沿岸，次日由当地居民搭便桥，由瓜坪过河，红二、六军团全部进入威宁境，结束了转战千里的乌蒙回旋战。

回旋乌蒙，绝地逢生，这是贺龙及其军团领导军事指挥的神来之笔。

红军三军主力会师后，毛泽东高兴地说："二、六军团在乌蒙山打转转，不要说敌人，连我们也被你们转昏了头，硬是转出来了嘛！出贵州，过乌江，我们一方面军付出了大代价，二、六军团讨了巧，没有吃亏，你们一万人，走过来还是一万，没有蚀本，是个了不起的奇迹，是一个好经验，要总结，要大家学习。"红二、六军团在奎香周围山上转了400多里，是长征路上的一段艰险路。萧克将军在《长征回忆录》中写道："二、六军团长征，平均每天要急行军50公里以上，平均3天有一次战斗，平均每300米就有一名红军战士牺牲的艰难路程。"

乌蒙山的每一块石头、每一片树叶，都沾着烈士的血迹和泪水，然而对于红二、六军团的长途跋涉来说，这仅仅是一个小小的叙曲。

龙街红军桥

两个人的长征路

在二万五千里的长征路上行进的红军队伍里，不仅有从彝良走出去的红九军团长罗炳辉，还有从彝良走出去的红军战士张清明、舒大海，他俩爬雪山、过草地，写下了英雄的传奇。

回放那军阀混战、民不聊生、烽火连天的岁月，壤接镇雄、地属昭通、北出叙府、南倚毕节的彝良县海子清河，是红军战士张清明的衣胞之地。

20 世纪 30 年代初，初生牛犊的张清明，与家人卷入逃荒的人流，一走筠连巡司。短短几月，历经与亲人的生离死别，又回到衣胞之地帮工禄氏，其间，再遭虐待暴打，独自一人，二走筠连巡司。

好友何汉章将张清明介绍到盐津盐行当背脚。长长的背夫队伍，沿着古丝绸之路，脚踏蹄印，耳聆驼铃。从盐津至昭通再到昆明，月余，千里运盐，路费分文未获，两手空空。无奈，众夫役只得“王小二打五倍子，各散十方”。他，孤雁独飞滇东北。天当被，地做床，披星戴月，用双脚又把昆明到昭通的路，重新丈量了一次。

不知不觉到了古城奎香，饥肠辘辘时遇好心人苏启山，填饱了肚皮，苏又邀他一起上昭通。正是：才聆潇湘曲，又见望海楼。

二人扮成兄弟，一路打工：昭通小龙洞挖煤，昆明修公路，时又被派去砍窑柴。

苏启山，红军游击队队员，罗布坳战斗失散后，在深山密林中，巧遇张清明，同是天涯沦落之人，走到了一起。

砍柴的队伍有三百多人，正是苏启山寻求的“用武”之地。一天，苏启山开诚布公地对张清明和新结识的两个朋友说，他就是红军。要他们秘密交朋友、拉队伍。

满山的伐木之声，回荡山野，吓得“房东”，鸟飞兽走。这自然人为的场所，正是苏启山他们求之不得的。一段时间，就联络了 55 人。恰逢春风得意时，传言：窑树林里有红军。

为了“好汉不吃眼前亏”，苏启山决定，分散撤出窑山，寻找红军。方案是：统一行动，分散而行，间隔距离，昼伏夜行。

他们一路顺时针而行，走贵州毕节、大定，进镇雄、牛场、老锅厂，彝良向阳坪，出细沙河、芭茅、茶坊、洛旺、牛街，达四川巡司，转了一个大圆圈，也没有找着红军。偶尔闻得，有川军向云南逼近。为不失良机，再转云南。

此时，正是 1936 年春。

春风，无法散去战争硝烟的气息；乌蒙山的倒春寒，也挡不住春的脚步。

他们仍然是白天休息、夜间上路，进盐津，上大关，听说昭通一带有红军，遂隐蔽于大关翠华大坪子附近。苏启山、张清明等商议：苏启山带人寻找红军，张清明负责安全隐蔽。

两天后，苏启山返回，连夜领大家飞速急行，于奎阳参加了红军，被编入新兵团。

苏、张二人动员组织起来的这支“队伍”，在乌蒙山里迂回上千里，也来了“乌蒙回旋”，投入红军怀抱。张清明也结束了他个人的“长征”，参加红军随军北上，开启了他新的长征之旅……

在红二、六军团在乌蒙回旋途中，舒大海于云贵桥畔加入了红军，随之转战南北，奉献社会主义事业，书写了他可歌可泣的传奇人生，为红色彝良增添了亮丽风采。

舒大海，1904 年 2 月 15 日生于彝良县毛坪乡岭东铁匠寨。8 岁起在家放牛、种地，与母亲一道帮人打短工。14 岁起，舒大海常背小菜赶毛坪乡街子，换回油盐。1933 年，父亲病故，又欠下许多债，家境更为困难。为了生活，舒大海农忙时勤耕于黄土地上，农闲时肩挑小担奔波四方。

1936 年 2 月，舒大海与几个伙伴离家出走，在彝良境内参加红军，为红二、六军团十七师补充团战士，随军长征。在长征中他们连队为先遣部队，他英勇杀敌，屡立战功。红军断炊粮时，他熟悉山上的野菜、野果，带领战士们上山采摘，度过了极艰难的时刻。先后任班长、副排长、排长。1936 年底经十七师三营二连指导员贺光达介绍，在甘肃省废阳加入中国共产党。1937 年 1 月，八路军组建了一支精锐之师开赴抗日前线。当时为红军排长的舒大海积极申请参战，被编为战士。他所在部队是王震带领的号称铁军的军队，于 1937 年 8 月开赴山西抗日前线，参加过著名的平型关大战。他作战勇敢，多次立功受奖，并多次出色地完成歼敌任务。

后来舒大海又在三五九旅九团教导团任排长、连长。三五九旅在王震的带领下开展了著名的南泥湾大生产运动，红二、六军团很大一部分是从云南、贵州去的兵，吃苦耐劳，他带的连队成为大生产的模范。抗战胜利后，他又转战南北，解放全中国，在战斗中立功受奖，获军区“战斗英雄”称号。

1951 年，舒大海调地方工作，在昆明二支队搞劳改教育工作。同年，回故土彝良探亲看母。到家后，闻母已死，舒大海悲痛万分。经询问得知，他当红军走后，国民党地方政府将其母逮捕关押，威逼她交出儿子。可怜的母亲日日夜夜哭喊着儿子的名字，眼睛哭瞎了。国民党彝良县政府无奈将她释放，从此，母亲沦为乞丐。舒大海原在家中的妻子也被逼改嫁。1953 年舒大海任劳改二支队政委。1958 年至 1971 年调文山老君山乌沙矿、丘北农场、文山建筑公司、文山州人委招待所工作，历任副场长、场长、所长等职。1971 年底，舒大海离休回昭通县定居。1981 年，他当选为昭通县七届人民代表大会代表、人大常委会委员；1984 年，当选为昭通市（县级市）第一届人民代表大会代表。1988 年 9 月 10 日逝世于昭通，享年 85 岁，葬于故土毛坪。

舒大海早年参加红军，是彝良县已知名姓的两名老红军之一。随军转战南北，参战 100 余次，受伤 3 次。战斗中勇往直前、不怕牺牲、出生入死，立功显著。在白色地区，他能机智对付敌人，努力完成任务。中华人民共和国成立后，他无论在什么岗位上都努力工作，兢兢业业地完成党交给他的任务。他深得群众和干部的爱戴，是老一辈革命干部中值得敬仰的同志。

大雁落脚的地方

ZHAOTONG

一支小小的部队，后来发展到数千人，驰骋三千里，大闹川滇黔，转战于云贵川三省边区 20 余县，经历着血与火的考验，与敌进行艰苦卓绝的战斗，悲壮而惨烈，在中国工农红军史上写下了光辉灿烂的一页。

“二月红军到扎西，部队整编好整齐，成立川南游击队，扩大红军三千几。”这首红军歌谣，唱响在云贵川边区，回荡在滇东北大地。

1935 年 2 月，中央红军从各部队中精选了 600 余人，正式组建了“中共川南特委”“红军川南游击纵队”（后改称川滇黔边区红军游击纵队）。先后有徐策、余泽鸿、刘复初任纵队政委和司令员。中央领导同志撤出扎西时，依依不舍地送走了这批红军战士，他们都有着孤雁离群之感。就是这支小小的部队，后来发展到数千人，驰骋三千里，大闹川滇黔，转战于云贵川三省边区 20 余县，经历着血与火的考验，与敌进行艰苦卓绝的战斗，悲壮而惨烈，在中国工农红军史上写下了光辉灿烂的一页。

打进筠连城，是纵队成立以来的最大一次胜利。筠连县城被纵队进占，彝良县民国政府十分恐慌，唯恐纵队回攻牛街分县，进而攻占县城角奎，又是调兵遣将防堵纵队入境，又是飞电向上告急，派兵支援。9 月 11 日，彝良县政府电讯省政府称：“川南王逸涛回窜，筠连县城被攻陷，现窜入盐津县境，安旅兼程进剿。”9 月 18

日，民国《云南日报》载彝良特讯，报道了纵队在彝良境内的活动及攻占筠连城的前后情况。称："川匪王逸涛借赤匪旗帜游扰川滇边境已数月，目前已窜至彝良所属之红岩沟附近，经叶县长率领团队深入剿办，并联络川边团及二旅唐（鸿钧）连跟进，追至筠连、高县，因前面无人防堵，至该匪等由古宋方向溃去。据我军团撤回不久，该匪又复率众千余经川境至彝良境内，并经过蒿枝坝、龙盘、大山、湾坝，均系川境等处，因大小罗凹距牛街甚近，牛街一带军民大起恐慌，幸县府早据探报，预先聚团把守要隘，筑防碉堡，封锁重要渡口，将渡船沉没，并经程、牛、唐协同即防，该匪之难如愿，遂横过筠连，县城被陷。次日复窜盐津属之三棵庄（属今柿子镇），形势猖獗。安旅长已飞调常部各营，兼程进剿，大军即围，应能一举歼灭矣。"

王逸涛早已叛变，彝良等地方官员仍不知情，加之原纵队司令员王逸涛名声大，敌方一般不称红军游击队，均称王逸涛部。之后，纵队再转战川南，1935 年 11 月初，敌对纵队进行第二次"三省会剿"，纵队在余泽鸿的率领下，由长宁进入老家梅硐。12 月 15 日，在敌军重兵围剿下，政委余泽鸿，这位党的优秀儿女，在与敌英勇作战中壮烈牺牲，死在了自己的家门前。

1937 年 7 月，纵队百余人在刘复初的带领下，向镇雄的罗坎和彝良的洛旺方向转移。7 月中旬，纵队经镇雄罗坎开到彝良洛旺，为避敌锋芒，在白沙找了一个绿林武装的吴锡州任小队长，由他带路进入洛旺。进入洛旺附近，见山上有团兵把守，就向山上喊话："团兵弟兄们，你们都是穷人出身，不要为反动派卖命，红军是为穷人打天下的军队，我们只借路过去，请你们行个方便。"区团长杨保林，闻红军到来早已逃之夭夭，由民防大队长杨明章负责防务。还未等红军喊话完，杨明章就命团丁开枪，伤了红军战士，红军一时火起，摆开阵势猛烈向山上团丁还击。吴锡州对洛旺地形熟悉，领队抄小路由后面山上包抄，这些团丁全部当了俘虏。

纵队整装进街，前面是挎盒子枪的首长，后面是扛着机枪的队伍，再后面是穿着朴素的红军战士，最后面是押着杨明章等团兵及从罗坎抓到的一个作恶税官赵某。最显眼的是走在前面的两个女红军，她们穿青衣、戴青帽，头上八角帽红星闪闪，腰间别着小枪，飒爽英姿，巾帼英雄，笑容满面地向观看的群众招手打招呼。阚思颖、李桂红这些女红军，是红军不打牌子的标志，看到他们，真正的红军回来了。被枪声惊动的街民陆续回来了，部队立即开动宣传机器，进行革命宣传，沿街张贴“打倒日本帝国主义”“打倒土豪劣绅”“红军是穷人的队伍，快来参加红军吧！”等标语，战士们进街，打扫街道，为百姓担水。群众为红军烧水送茶，亲热地问长问短。由于听信了反动宣传，一些铺面关闭，生怕红军把他们的财物抢去。小商贩李显成很紧张，担心货物被没收。当红军指战员走到门前时，他慌里慌张地求情。红军指战员向他耐心地解释说：“我们只打作恶的地主恶霸，为非作歹，民愤极大的坏人，不侵扰贫苦群众，保护小商贩的利益，你们尽管安安心心地做生意，照常开店摆摊就行了。”

四周山上的群众都下山来看红军。中午，在洛旺河滩上召开群众大会，开会前，战士们整齐地坐着，开始了拉歌对唱。一边一个女红军，挥动着双臂指挥唱歌：“送郎当红军，打倒土豪劣绅，穷人得翻身；送郎当红军，红军最文明，买卖公平，大家都欢迎；送郎当红军，坚决干革命，打倒豪绅，大家有田分。”“当兵就要当红军，扶助农工打敌人，官长士兵都一样，没有人来压迫人；当兵就要当红军，处处工农来欢迎，打倒土豪分田地，我们穷人得翻身。”“红军纪律要严明，行动听命令，切莫乱胡行，打土豪要归公，开口莫骂人，工农如兄弟，劳苦要相亲，无产阶级劳苦大众个个都欢迎。”一首接一首唱个没完。会场的旁边，早摆好了“报名当红军”的桌子，在刘复初政委激动人心的讲话鼓舞下，许多青年报名当了红军。通过调查了解，红军掌握了反动头目杨明章欺压百姓、奸淫妇女、残杀救贫义勇军伤病员的罪行，与罗坎押来的那个税官一起执行枪决。为民除害，大快人心。

第二天，纵队打开地主杨保林的粮仓，将粮食分给当地群众，并杀了地主土豪的几头大肥猪，开毛边，切成块块分给群众。有的不敢要，红军就送上门去。王德奎家就住在附近，没人去领，红军给他家送过去一个大猪头。接过猪头，他千谢万谢，红军和他拉家常，讲穷人求翻身的道理。借分发粮食和猪肉的机会，纵队在万寿宫前的场坝宣传党的抗日救国政策和革命道理。他们临走时，留下一些伤病员和战士，在这里组织发动群众，组建了一支游击小队。

1936 年 8 月 25 日，纵队从筠连方向返回洛旺。战士们一边走，一边看着这方山山水水，地形好熟，又到彝良境。途经牛街白虾村尖山子时，见前边有一队人马正慢慢远行着。“有敌情”，部队即做好战斗准备。队伍走近了，见前面十多人挑着担子，在后边有几匹骡马，有十几个荷枪实弹的保商队大摇大摆地走在大路上。纵队朝天放枪，挑夫卸下担子就逃，保商队全无抵抗力，只顾逃命。纵队缴获了 80 多担布匹和其他一些物资。原来这是镇雄土司陇确佐从宜宾购进的一批货物。战士们挑着布匹，经茶坊、柳溪行走洛旺。红军第二次进入洛旺，群众对这支队伍并不陌生。一进街口，群众便欢呼“红军来了！”家家户户把门打开，迎接红军进屋，忙着烧水做饭。这一天正逢洛旺赶场，来往的人拥挤不堪，争相拥挤上前看红军。这正是宣传的好机会，纵队来不及休息，在万寿宫的高台上，李桂红、阚思颖带领着宣传队员，穿红着绿，登台表演，又唱又跳吸引着更多观众。节目演完，二人分头做演讲，台下响起了雷鸣般的掌声。激情满怀的人们，争相报名当红军。

洛旺街一整天都闹腾着，到了傍晚，赶街的人都不愿意离去。纵队用大甑子蒸了饭，又杀了几头肥猪，做上好的菜饭，招待乡民，摆在街上，让群众随便舀了吃。街上的妇女组织起来，为战士们赶制新衣、新鞋。纵队把一些白布送到街上染房黄文忠家，请他染制成蓝色，给红军做军服、绑带，黄文忠连夜加工，顾不上休息，红军拿了两匹白布给他做工钱。一个红军领导与他拉家常，了解当地风土人情。黄文忠老人后来回忆说：“红军对人太客气了，当官的没有半点官架子，平易近人，说起话来很有水平，讲得头头是道。红军队伍多能人，难怪穷人处处拥护红军。”到中午吃饭的时候，这位领导亲热他说：“你累了，休息一下吧。”然后对别的红军战士打招呼：“给这位老乡多留点菜饭。”一位红军战士经常到染布房与黄文忠热情拉家常，得知他姓黄，这个红军爽快地说："我母亲后家也姓黄，咱们还是亲戚呢！"与黄文忠认作"老表"，临走时送给黄文忠一个绣花枕头，枕头上绣有青蛙等图案，他一直留在自己身边，珍惜地保存到中华人民共和国成立以后。他追忆说："我真想再见见我这'老表'，可一直没有信息，打仗那样残酷，恐怕牺牲了吧。"说着，老人家流下了眼泪。

一位人称"王伯娘"的孤老，在街上帮零工，日子过得很苦，阚思颖、李桂红亲自看望这位孤老，安慰她好好生活下去。并送给她一袜子镍币（当时一个镍币可以买一升苞谷），她感动得流了泪，拉着两个女红军的手说："亲人啊，亲人，你们是我最大的恩人，好人一生平安。"她捧着镍币逢人便说："这是红军送给我的钱啊！我这一辈子没有见过这样多的钱，红军是我们干人的大恩人啊！"这孤老靠着这一袜子镍币，省吃俭用，救了命，生活了好几年。纵队还给一些穷苦群众送去钱币，在那天灾人祸、兵荒马乱的年代，不少人家靠纵队分得的钱粮才有了吃穿活下来。有的节俭度日，靠这点钱做小本生意养活家口。

闻彝良县长叶桐纠合镇雄独立营已向洛旺赶来，纵队撤出洛旺上了大雪山，迂回于镇雄、威信、彝良三县间。纵队在洛旺住了 3 天，严格遵守红军纪律，处处维护群众利益，离开前把街道和各家门前扫得干干净净，全部清还了向群众借用的炊具，还深情地表达谢意，红军是守纪律，深受人民爱戴的军队。

在大雪山期间，纵队分别在境内的白虾、茶坊、木海棠、老母坎一带进行游击活动。木海棠知名人士陶富成家住着 20 多名红军战士，全家人热情地为红军服务，处处提供方便。游击队在陶家住了一个多月，他们宣传党的政治主张，发动组织群众积极开展武装斗争，打退小股民团的追剿。周边有数股土匪，纵队分队对危害大的土匪武装坚决予以打击，保地方安宁；对群众危害不大的土匪予以教育，并收编了两股绿林武装。部队休息时，为群众唱歌跳舞、表演节目，村民陶富林为部队提供情报并当向导，抓住两名敌方派来的密探，搜集纵队的活动情况，查其罪恶事实，当即处决。

另一支30余人的游击队在柳溪桐梓林李周世等人家驻扎一月余，部队热情为群众服务，炊事班一个战士上山打柴时，为帮助一个贫苦老人背柴，在石龙山大转拐处不幸坠崖牺牲，时年30岁左右。群众用棺木装殓就地安埋，当地群众为了纪念这位不知姓名的红军战士，就把墓后岩上一块大石头撬下放到烈士墓前，这块石头形如红军帽，后将这块大石取名“红军石”。

驻牛街滇军唐鸿钧连奉命进大雪山“围剿”纵队，在中厂的鸽子山，纵队与唐部发生激战，纵队利用有利地势还击敌人。唐部是一支战斗力很强的部队，武器精良，在长官司，纵队领导人徐策牺牲，部队遭受重大损失，旧账新仇，战士们怀着对唐军的仇恨，为政委徐策复仇，英勇杀敌，在强大攻势下，唐军大败而逃，丢下十余具尸体。

纵队在大雪山隐蔽时，滇军田营与川军薛团协同，多次“清乡”，对纵队进行围剿，天天搜山，紧追不舍；驻牛街的唐鸿钧部与�连团防合作，堵住各要口，欲将纵队一网打尽。敌人不断增兵，在彝良境内，川军周化成部，滇军田富武营一齐向纵队扑来，纵队且打且退，钻老林，衣裤全被划破，生吃野菜充饥，无藏身之地。为了突破封锁，纵队决定转移到威信水田寨。

忠魂千秋创业山

ZHAOTONG

创业山烈士陵园，是云南革命遗址之一，是彝良县重要的爱国主义教育基地，也是开放的游人旅游参观的一景点。每到清明时节都要组织机关干部、学校师生、街道市民到创业山瞻仰陵墓，祭奠烈士，敬献花园，重温那段悲壮的战斗历史。

位于彝良县城南面的创业山，原称棺山。是老城区制高点，北面悬崖，西面临一中和县城，面对罗炳辉将军纪念馆。

1950年1月中旬，中国人民解放军第十六军王殿部（侦察营）和威宁游击团追击国民政府中央军宋希濂兵团第二军七十六师张桐森部，在角奎发生激烈战斗。这是一场血雨腥风的鏖战，敌人用机枪封锁街道路口，解放军夜间发起猛烈攻击；这是一场现代版的“围城”，解放军要冲进城去，溃军要死死守住城，街头巷尾，刺刀白刃，喊杀声震天，街道的每一处都有解放军倒下的身影。敌我双方伤亡惨重，敌方倒下许多无名尸，解放军伤50余人、牺牲29人（其中有5名解放军战士在夜袭创业山旁偏岩子上敌人碉堡处壮烈牺牲），以重大的伤亡击溃守敌。时任角奎镇镇长的蒋熙周组织民众用棺木将牺牲的烈士遗体葬于县立中学（今彝良第一中学）黄葛树旁，用毛石支砌；1954年县人民政府将烈士遗体迁到创业山形成墓群，用毛条石支砌；1976年经复修建为烈士陵园，用细条石支砌。2002年7月重建后，景观别致，连同社会主义建设时期牺牲的烈士共有34座烈士墓，有序排列。仿照北京八宝山公墓及

其他烈士陵园墓体样式，用精致打磨的白石镶嵌。墓前用楷书刻有墓主姓名、籍贯，所在部队番号、职务、牺牲经过。占地面积 8500 平方米，其中陵园 7500 平方米。在刘平楷烈士诞辰 100 周年之际，陵园内新增建早期中共党员、曾任中共湖北省委书记、满洲省委代理书记、云南省委常委、组织部部长刘平楷烈士的遗发墓。墓用不同色彩的大理石镶嵌，以黑色为主，墓体呈多面形，墓前用红色大理石横刻“刘平楷烈士之墓（1902.10—1930.7）彝良县人民政府敬立，二〇〇三年一月”。墓前竖有黑色大理石碑，简介刘平楷生平事迹；墓周围种松柏等常青树，显得庄重肃穆，让人油然生敬。墓周围和墓与墓之间设水泥人行道、绿化带，空地种花草树木，浓荫密布。站在陵园前可一览县城全景。

从彝良示范小学老校园背后 414 级水泥梯步直达陵园。陵园四周建有围墙，大门为牌坊式，面对大门的左面壁大理石碑上用楷体镌刻角奎战斗、社会主义建设中烈士们牺牲的简况及刘平楷烈士墓的形成。右面壁大理石碑上刻陵园先后建筑经

创业山烈士陵园

过，还修建了纪念碑。

创业山烈士陵园，是云南革命遗址之一，是彝良县重要的爱国主义教育基地，也是开放的游人旅游参观的一景点。每到清明时节，机关干部、学校师生、街道市民都会到创业山瞻仰陵墓，祭奠烈士，敬献花园，重温那段悲壮的战斗历史。

有个烈士生前曾留下一首诗："葬我在荷花池内，耳边有水蚓拖声。葬我在马缨花下，永做着芬芳的梦。"创业山烈士陵园，有绿叶遮映，开着雪白鲜嫩的槐花，散发着芳香；有青松翠柏永远护卫着烈士的英魂。他们在那县城的高坡上，听着那洛泽河水的涛声，永远不息地歌唱；他们看到当年那破败的角奎，在时代进军的号声中成长，现在已是一座鲜花盛开的现代城市，这里的人民勤劳勇敢，正接过他们手中的红旗，打造更美好的明天。

❶❷创业山烈士陵园

群星灿烂耀热土

ZHAOTONG

【 彝良是将军的故乡、英雄的热土。英雄的昨夜星辰照耀今夜星空。

在彝良县洛旺乡白水江边长大的徐洪刚，1990 年 12 月入伍，在一个具有光荣传统被称为铁军的红军团服役。1993 年 8 月 17 日，徐洪刚从家乡返回部队。当他乘坐的大客车行至四川省筠连县巡司镇铁索桥附近时，车内的几个歹徒突然向一名青年妇女强行勒索钱物。当被拒绝后，歹徒一边对妇女耍流氓，一边把她往疾驶中的车外推。此刻，在角落里打盹的徐洪刚被惊醒了。见此情况，徐洪刚冲上前去，大吼一声："住手，不许这样耍横！"歹徒看到有人干预，便把注意力集中在徐洪刚身上。徐洪刚挨了两个耳光之后，脸上火辣辣的，嘴角渗出了鲜血。他为了保护车内其他乘客，没有马上还手。歹徒的气焰更加嚣张，继续把那位妇女往车窗外推。军人的天职使徐洪刚再也无法沉默。他一脚把后面的一个歹徒踢得不停地后退，又狠狠一拳打在另一个歹徒胸口上。不料，从后面又窜出两个歹徒，一个抱住徐洪刚的腿，一个死死地卡住他的脖子。最先寻衅的那个姓任的歹徒掏出匕首，向徐洪刚胸口猛刺一刀。在这生死关头，徐洪刚只有一个念头：和

他们拼了！狭窄的车厢里，拳脚施展不开。四个歹徒把他团团围住，穷凶极恶地挥刀猛刺徐洪刚的胸、背、腹……鲜血染红了他身上的迷彩服，也染红了座椅、地板。肠子从受重伤的腹部流出。司机把车刹住。歹徒纷纷逃窜。此时，身中14刀，肠子流出体外达50厘米的徐洪刚，奇迹般地用背心兜住往外流的肠子，紧跟着跳下车来，用全部的力气往前追出了50多米，然后一头栽倒在路旁……

英雄救人民，人民爱英雄。当事情发生后，当地的各政府机构、医院及广大群众纷纷行动起来：筠连县税务局副局长詹本方等火速把徐洪刚送到镇医院后，经医院检查，徐洪刚全身重伤14处，仅胸部就被刺了8刀，最靠近心脏的一刀深达8厘米，有一刀已经伤及肺部。腹部刀伤裂口4厘米。医护人员为保证徐洪刚的生命安全，对他进行了止血处理后，吊上输液瓶，便立刻启程赶往县医院全力抢救。县领导闻讯后，立刻指示有关部门要不惜一切代价拯救这位人民英雄，用了全县医术最高明的医师、最好的药品、最高档的仪器，还有县里特别拨款的5万块钱作为救治经费。经过医院院长、副院长4小时手术后，终于把徐洪刚从死神手里夺了回来。徐洪刚在医院治疗期间，每天前往医院探视英雄的人成百上千，有老人、大人、小孩、乞丐，甚至连聋哑人也要鞠个躬再走…… 1994年春节前后，中央各新闻机构对徐洪刚的英雄事迹广为报道。

徐洪刚舍己为人、勇斗歹徒的壮举在全国军民中引起强烈反响。1993年底，被济南军区授予

时代英雄徐洪刚

罗炳辉将军纪念馆

“见义勇为英雄战士”称号，并授予“全国新长征突击手”称号。1994 年 2 月 5 日，江泽民、李瑞环、刘华清、胡锦涛等领导同志接见了他，江泽民夸赞：“徐洪刚的事迹，体现了我们共产党的传统，也体现了中华民族的传统美德。”江泽民亲笔题词，号召全党、全军、全国人民向徐洪刚学习。1994 年，徐洪刚被共青团中央授予“全国新长征突击手”称号，评为第五届“全国十大杰出青年”。1997 年，徐洪刚当选党的十五大代表。1998 年夏秋，徐洪刚在抗洪抢险战斗中，被集团军党委评为“抗洪抢险先进个人”。徐洪刚的事迹被拍成电影《士兵的荣誉》、新闻纪录片《普通一兵徐洪刚》和话剧《93 专题报道徐洪刚》等 40 多部在全国上演。徐洪刚在部队历任班长、排长、副指导员、保卫干事、团政治部副主任、团副政委，现

电影表演艺术家杨在葆参观罗炳辉将军纪念馆

任中部战区陆军某红军师政治部副主任，第十二届全国政协委员。

徐洪刚是一颗星，耀眼璀璨；是一朵花，鲜艳夺目。星星为什么这样亮，花儿为什么这样红？彝良，是为劳苦大众谋解放而慷慨就义的“工委书记”，曾先后担任上海沪东、闸北区委书记、南京地委书记、湖北省委书记和满洲省委代理书记刘平楷烈士的故乡。中国工农红军长征时路过乌蒙山，与敌人打了15天回旋战，三进三出彝良，播下了革命火种。全国著名的无产阶级革命家、军事家罗炳辉将军从这里走向江西苏区和抗日战场。在这块土地上，中华人民共和国成立初期涌现了毛主席、朱德总司令亲切接见过的“单茅战五匪”的民兵英雄潘天文；如火如荼的社会主义建设时期，涌现了“欧阳海式的铁路工人”王家松烈士和全国著名的田径健将王华碧；在中国南方边境冲突中，出现了全国著名的“战斗英雄”“全国新长征突出手”黄再宽；在改革开放的新时期，又涌现出勇斗歹徒光荣牺牲的“优秀专职武装干部”孔凡松烈士；继徐洪

刚后，又涌现了为保卫国家财产与歹徒搏斗牺牲的“矿山卫士”汪金华烈士，为营救引爆雷管自杀的村民不惜伸手拔掉导火索炸掉一只手的“全国见义勇为先进分子”张明乾。

2012 年 9 月 7 日，彝良发生 5.7 级地震，角奎镇云落小学校舍坍塌。刚走上讲台 3 天的代课教师朱银全不顾生命危险，和乡亲们一起从倒塌的校舍中用双手刨出 7 名被埋学生，感动了社会各界，被网友们称为“最美代课教师”，获“全国道德模范”提名奖和第四届云南省“见义勇为模范”称号。随后，彝良农民工周英贵在湖北咸宁与持刀强奸妇女的歹徒搏斗，脚板被划出多道伤口，血流不止仍然与歹徒死拼。咸宁市委、市政府为他颁发了“咸宁市见义勇为先进个人”荣誉证书，咸宁市总工会授予他“咸宁五一劳动奖章”。彝良县委发文，号召全县人民学习周英贵，称赞他是“大山之子，民工榜样”。

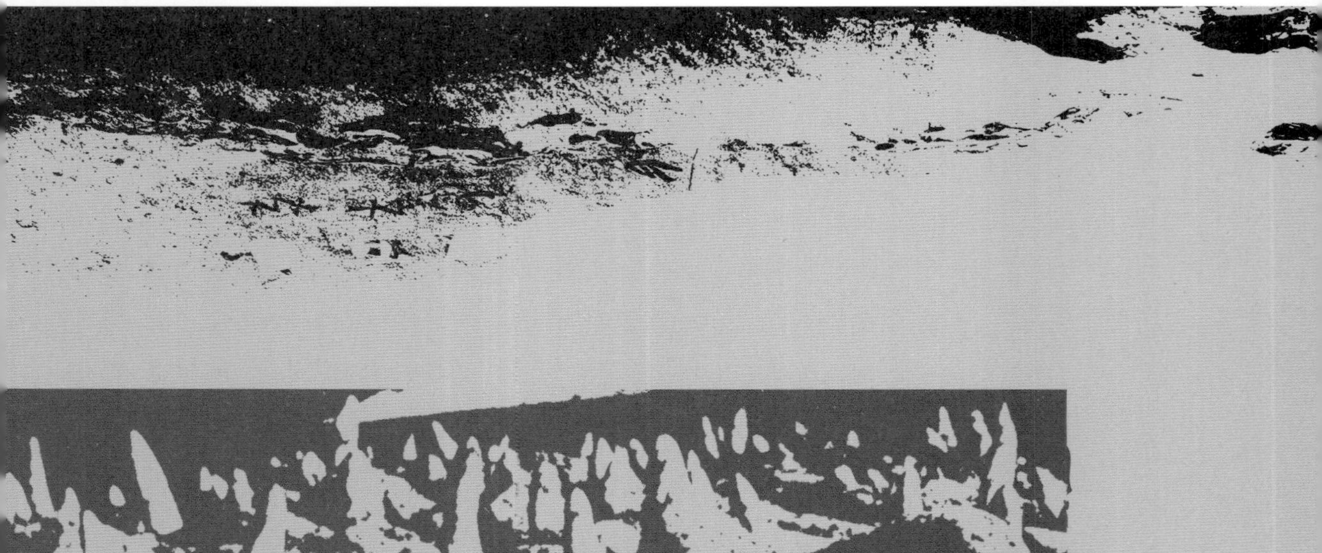

第四章

天麻之乡

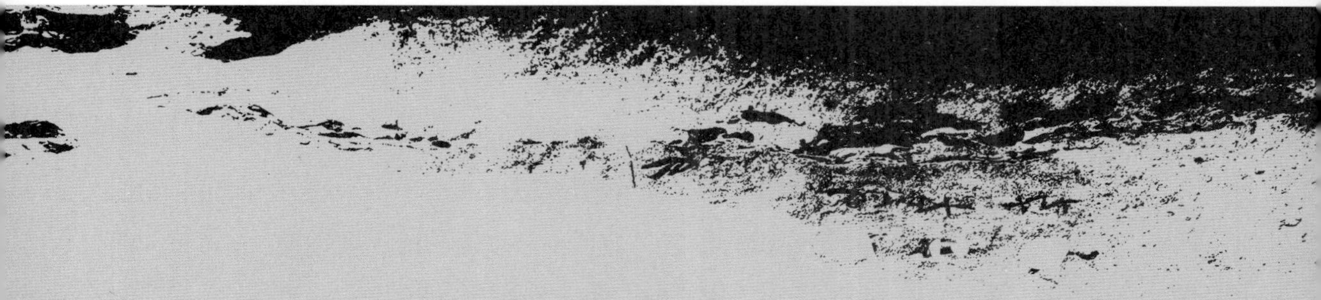

传说玉皇大帝格外看好彝良这方山山水水，故而睁只眼闭只眼，纵容天马盗取赤箭天麻下凡种在小草坝，疗治百姓瘴疾。话说这雌雄二马为黎民立下非凡之功后，因迷恋小草坝的奇山异水，不思天庭终于化作了为人们敬畏的两座神奇大山——朝天马，脚踏大地，呈仰天嘶鸣状，恒久地依恋、守护着天麻原产地——小草坝。

小草坝天麻当之无愧地雄居“云南四宝”之首：昭通天麻、文山三七、香格里拉虫草、普洱贡茶。用天麻之父周铉的话说：“彝良小草坝，常年云雾缭绕，阴雨连绵，是有名的阴雨湿润之乡，是中国独一无二最适应天麻生长的地方，是野生天麻的原产地。”

大美小草坝

ZHAOTONG

小草坝属于云南天然的生态资源，它提供的尘世的魔力，使人如入仙境。走近小草坝，有些山脉要望而却步，有些花朵要远眺而不可企及，有些河流要歌吟而不可涉足。正如小草坝还未打开它的宁静和与生俱有的美，人们才对自然与伟大的事物产生感恩。到过小草坝的人，都不知道该用身体的哪一部分来安放小草坝，就像一个浪漫的王子在一个荞麦花般芳香的村姑面前，有一种自惭形秽的感觉。小草坝，山水合抱中闪现着生存的热情和光辉的乐土，我们走近它，但无法抵达它的心灵和蓝得透明的天空，更无法拒绝它绿色的光芒。

乌蒙山连着山，小草坝银河落九天。在云朵下的高原，大美的不是风景，而是发现。正如昭通籍诗人雷平阳踏遍万水千山，还没深陷小草坝的腹心地带，就被小草坝的磅礴大气震撼。这个奇句泉涌的诗人，只写出四句：

这儿的山
是地球的城墙
这里的江
是世界的护城河

小草坝不只是彝良的一个镇，还是彝良的无限风光；小草坝不只有小草，还有大树；小草坝不只有坝子，还有险峰；小草坝的小草是异草，小草坝的野花是奇葩；小草坝的坝子，身穿原始森林，放牧飞禽走兽，悬挂万丈瀑布；小草坝一年分为四季：春天是青山绿水，夏天是避暑山庄，秋天是漫山红叶，冬天是林海雪原。小草坝盛产天麻，虽然名字温柔，但在 19 世纪英国传教士绘制的东方

❶ 小草坝之春

❷ 如鸽子的珙桐花

地图上，找不着彝良却找得着小草坝。深陷彝良小草坝的绿野仙踪，太阳的红不如杜鹃花的红，云朵的白不如珙桐花的白。十三条瀑布在李白七绝中飞来飞去，恰似千古风流总被雨打风吹去。春风十里不如十里花溪，山中一夜山外已是一千零一夜。小草坝是绿色的秘境，每一缕微风都是绿色的，每一声鸟啼都是绿色的，鸳鸯池倒映的天空是绿色的，

古树脱在石头上的裙子是绿色的，天麻栖居的草房是绿色的，红叶的更年期是绿色的，小熊猫吃的竹叶是绿色的，古庙的香火是绿色的，岩韭菜是绿色的，山蓊菜是绿色的，侧耳根是绿色的，竹笋是绿色的，黄连酒是绿色的。

2005 年，彝良县委曾邀请舒婷、刘醒龙、王祥夫等十多名作家、诗人穿越小草坝。他们从环河磐石向天台进发的途中，到处是悬崖峭壁，高低错落。沟壑峡谷遍布，溪、泉、瀑、潭横生，有“张家界的山，九寨沟的水”之说，多年来一直隐藏在云南东北部，像一位美丽的阿拉伯少女，期待远方的客人撩开她神秘的面纱。看不够的美景，令作家们遐想联翩。他们说：“是大自然的杰作，上苍的恩赐。”在牛角岩瀑布前，他们不停地欢呼：“我来了，小草坝，我爱你！”刘醒龙说：“太神奇了，太美了！”刀梁险道是从悬崖上凿出的栈道，尽管有护栏，有的作家仍然双腿发软，头拼命往内

侧靠，大家手拉着手，终于抵达风光无限的天台。谢大光、李师东兴奋地说：不到小草坝是一生的遗憾。

从彝良县城往北走，一条瘦小的公路钻进绿色的小草坝。小草坝的风光有点像电影《知音》主题歌的开头部分，由村女深情地唱出。山青青，水碧碧，只要进入小草坝就会被原始森林的绿色湮没，一眼就看到了高山流水。民歌响处，村女像麦穗光芒般的长发和红衣裳于树荫间隐现。站在鸟鸣山更幽的迎客瀑前，仿佛置身九寨沟，直到被四野弥漫的杜鹃花的芳香包围才返回现实。

在盛产野生天麻的小草坝，如果梦回“弓马取天下”的雍正或乾隆王朝，就会知道这神奇的天麻曾呈给皇上祝寿，被烹调成“满汉全席”。因此，小草坝这样一个旧地名被皇上、大

小草坝日暖林生烟

臣、太监、妃子和格格们誉为“天财地宝”。时至 1978 年，小草坝天麻在广州交易会上被冠以“中国小草坝天麻”。从某种意义上说，彝良籍的小草坝天麻不仅是彝良和云南的荣耀，也是中国的荣耀，致使一些出生于外县的天麻也要把故乡改为小草坝才身价百倍。

尽管小草坝因天麻而名扬天下，成为世界天麻原产地，但小草坝的山水、林木、鸟兽却如宝石深藏在滇东北彝良县的北边。当很多人带着对小草坝的山岩、古树、流泉、枫叶的好看的心境游玩它的时候，诗人只能用全部的真诚敬畏它，用恋人深不可测的眼睛阅

读它。因为它属于云南天然的生态资源，它提供的尘世的魔力，使人如入仙境。小草坝，绿色、生态、原始古朴，是家园的象征，像一位身穿花朵和树叶的处女。小草坝嶙峋的岩石上，只有飞鸟和猕猴的足迹。为了更深入地认识它，必须用老鹰的眼睛越过渴驼饮泉、刀梁险道、燕岩石峰。云栖在西风飞鸟间，人与一群黑熊在更深的地方，在取经桥下面的环河磐石上，在密密麻麻的毛竹中间，在 13 条溪流撕开的瀑布前。只有忠实地观赏银河飞瀑，才能用李白浪漫的诗说出想说的，用陶渊明悠然的心见到想见的。

小草坝的山是多姿多彩的，徐缓的峰峦间夹着突兀的绝壁，青黄的峭岩中，偶尔可见赭红色的丹霞地貌。小草坝常年笼罩在薄雾中，细雨更是说来就来，在阴晦得有些忧郁的森林中，闪着光亮的是瀑布。漫山遍坡那些像飞起来的天河

泉水叮咚

一般的瀑布，是小草坝最牵动人心的亮点。刚进山，藏在坡下绿丛中的迎客瀑已令人流连。再向前行，一泓碧潭横在山垭间，好在水中的石块清晰可辨。转进山谷，忽然觉得山和树都生动起来，前后左右，目之所及，数不清的瀑布欢叫着、迸跳着，从高高低低的山峦草树间喷流下来。瀑布使寂静的山谷喧闹起来，远远近近的瀑布其实神态各不相同：有的水势生猛，直扑而下；有的一波三折，层帘叠垂；有的依石弯曲，砸出怒放的水花；有的在树丛后面忽隐忽现，乍露还羞。沿着十里花溪通往银河飞瀑的山谷间，石有千姿，水有百态，简直就是一个包罗万象的瀑布博物馆。小草坝有这么多瀑布，依山势石形，各有各的流转形态，像我们每个人都有自己的生命轨迹，各不相同。

昆明作家张庆国来到小草坝，想起“小草在歌唱”这句歌词，就像满山遍野的小草，微不足道，却能覆盖所有的土地。他喜欢小草坝这个平淡无奇的地名，又感到吃惊。为什么险峻荒僻的高山峡谷中，会有一个阴柔温暖的地名？长期以来，众人习惯了，爱讲大道理，喜欢高谈阔论，忘记了所谓道理和思想，不过是地上长出的草和树苗。那种忽略了具体事物的感性人生，只见高山岩石，不见遍地花草、昆虫和泥土的习惯，使世界变得简单无趣和错误百出。张庆国是这样描述小草坝的：彝良人眼光向下，心与大地贴近，用普通的小草为家乡宽阔的土地命名，可见其高明和真实可靠。真实可靠的品性是小草坝名声远扬的原因，也是所有地区的历史生生不息并传之久远的原因。可以想象，古代的外地人历经艰辛、风餐露宿，来到滇东北山中，在小草坝受到温暖的保护，体会到人心的淳朴，留下美好的回忆，才有渐渐传开的有关小草坝的赞美。小草坝当然有高大的山峰和苍茫的丛林，这是滇东北的正常风景。苞谷站满山坡，洋芋花按季节开放，平淡困苦的日子，也有无限欢乐。他在小草坝景区住了一夜，第二天进山考察，沿着多年前国有林场开辟的狭窄小路，小心翼翼地在丛林中穿行，朝山凹走去，终于明白小草坝展露出复杂人生的情节：山高、谷深、林密、水量充沛，就像一出戏，波澜起伏，豪情万丈，余味不

绝。真正豪情万丈的气象体现在瀑布上，他走出山凹，拐过几道弯，又朝山上爬，很快听到巨大的水声。原来小草坝的山里，藏了壮观的瀑布，最大的瀑布像宽大的幕帘，从山崖的绝高处垂下，流水自由倾泻，声浪惊天动地，在气流猛烈地摇撼中，山壁上的树枝和杂草晃荡不停，水雾四处飞溅，弄湿了众人的衣服，换来阵阵惊叹和笑声。

❶ 小草坝朝天马日出
❷ 红叶谷

1

2

小草坝之秋

冬季小草坝瀑布

来自瀑布之乡贵州的作家欧阳黔森到了小草坝才知道天外有天，瀑外有瀑。因为小草坝是美丽的，它不仅有大面积的原始森林，还有众多的瀑布。最美丽最壮观的大瀑布很高，像从天际飞流直下。欧阳黔森说，就单个的瀑布而言，它甚至比全国著名的黄果树大瀑布还要好。首先，这个瀑布比黄果树大瀑布高，且又一落三叠，令人叹为观止。再就是这个瀑布处于原始森林当中，周围古树参天。其实爱瀑布的人们都知道在中国还会有很多美丽、雄奇的瀑布，他们正在找寻、正在

发现。小草坝的瀑布，藏在深山，隐于大森林中，不像外地有些瀑布靠建水库调节高大上和飞流直下的气势，而是绝对的自然。它的美无疑是令人震撼的，是动人心魄的。

昭通籍作家胡性能感慨地说，对于许多养尊处优的身体来说，到小草坝却只会是一次充满绝望的旅行。由于只习惯于沙滩的柔软、宾馆的舒适，就会把生命中本该体验的那种跌宕与起伏，当作一种无尽的折磨。小草坝的大美，与其他许多地方的风景不一样。胡性能在散文《最后的秘境》中写道：小草坝提供给人的，是那种突兀的石峰和斧削般的岩壁，它们就像是乌蒙山的骨头，坚硬、沉默、毫不妥协。因此小草坝的许多地方，往往会让行人心中一凛。处地的僻远与道路的艰难，让小草坝至今仍然素面朝天。即使是因为这里出产着世界上品质最为优良的天

❶珙桐花

❷飞翔

麻，每年都会吸引无数的人来淘金，小草坝仍然保持着原初的形状，没有太多的人为雕琢的痕迹。天高地远，它为滇东北保留了最大的一块原始密林。当然，到了小草坝后，你会发现生长在这里的树不是寻常的树，由于生存的需要，它们必须将根须尽可能地往岩石里延伸，努力抓紧大地，哪怕是在最险要的地方，也绝不放弃。那是柔软与坚硬永不停息的较量，从树与岩石的坚持中，你会发现，只有生长在这种环境里的树，才配用扎根这个词语。甚至于流淌在这里的水，除了我们通常感受到的那种明月松间照、清泉石上流的柔美之外，它还能让我们感受到性格中的坚硬和勇敢，尤其是当它从危崖上跌落下来的时

❶映山红

❷啼血杜鹃花

候，义无反顾的水，比刀还锋利的水，在飞跃的过程中不断地粉碎、新生，再粉碎，再新生，从而构成了密林中千姿百态的瀑布。对很多人来说，小草坝是一个遥远的所在，但真正到了小草坝之后，没准会在今后的睡梦中，梦见自己变成了英雄。

朦胧诗人舒婷在小草坝看了半天，亦只看了个朦朦胧胧。在小草坝，饮的是天麻酒，吃的是凉拌野天麻，筷子挑的是炒天麻片，勺子喝的是天麻汤，可谓无宴不天麻。就连鸟蛋一般玲珑的土鸡蛋，都有一股天麻味儿。舒婷叹息着："真是奢侈哪！"她一直以来都有脑壳痛的老毛病，父亲给她炖过几次天麻，所以知道天麻宁神补脑。从前的天麻和人参一样金贵，哪能有事无事当饭吃！现在她终于知道了，艾芜的天赋

❶ 迎客瀑

❷ 飞流直下三千尺

固然与生俱来，但他年轻时代就在小草坝行走出没，那野生天麻一定常吃不殆，才滋养出人所不能及的鬼斧神工之笔。

它的美无疑是可以动人心魄的，是绝对的自然。

在小草坝 6293 公顷的省级自然保护区内穿行，一切都离人这么近，毓秀的山岩，舞蹈的神灵，殉情的彩蝶，还有珙桐、水青树、峨眉含笑、南方红豆杉，只要伸出手，就能触摸到国家珍稀濒危保护植物和珍贵树种，而与大灵猫、红腹角雉等国家重点保护野生动物邂逅更是很自然的事。当人逸兴遄飞，登上三皇庙绝顶，在浩荡的山风中就可眺望小草坝境内如奔向天空的野马的朝天马山峰。莽莽苍苍的朝天马，纵横百

十里花溪

里的原始森林翻涌的绿海，从马头蔓延到马尾。珙桐树的叶子间盛开的白花，近看如银鸽展翅，远看如水光潋滟。朝天马高远而静默，至今还没有人抵达它的马背。人不是征服者，不可能抓住它的绿色鬃毛去放牧落叶上稍纵即逝的秋天，更不能破坏它的古老神秘并改变它的道路和未来。

走近小草坝，有些山脉要望而却步，有些花朵要远眺而不可企及，有些河流要歌吟而不可涉足，如同革命或建设时期的爱情。正如小草坝还未打开它的宁静和与生俱来的美，人们才对自然与伟大的事物产生感恩。到过小草坝的人，都不知道该用身体的哪一部分来安放小草坝，就像一个浪漫的王子在一个荞麦花般芳香的村姑面前，有一种自惭形秽的感觉。

小草坝，在山水合抱中闪现着生存的热情和光辉的乐土，我们走近它，但无法抵达它的心灵和蓝得透明的天空，更无法拒绝它绿色的光芒。

银河瀑布

早晨从小草坝开始

中国神草

ZHAOTONG

天麻的故乡在云南，而真正名扬天下的天麻，又出在云南东北部的彝良县小草坝，因而小草坝天麻又被称为“中国小草坝天麻”。世界天麻的原产地的小草坝原始森林，青山叠翠，飞瀑荡谷，是昭通市最大的原始森林，也是省级风景名胜区。四川盆地的暖流与云贵高原的寒流交汇于此，气候属中亚热带季风气候，常年多雨多雾，温凉潮湿的气候，造就了以小草坝天麻主产区为中心的优质天麻生长的得天独厚的自然环境。

2005年8月，有一位中国当代著名的女诗人与一些著名作家踏上彝良的诗意之旅，进入小草坝景区，回去后在那篇《彝良啊彝良》的散文中写道：“著名的小草坝，记载了历史的彝良小草坝，使彝良在中外的药书上闻名遐迩。在小草坝森林景区，饮的是天麻酒，吃的是凉拌野天麻，筷子挑的是炒天麻片，勺子喝的是天麻汤，可谓无宴不天麻。就连鸟蛋一般玲珑的土鸡蛋，都有一股天麻味儿。大家一边叹息着：‘真是奢侈哪！’一边两眼放光狼吞虎咽决不放弃。一直以来都有脑壳痛的老毛病，父亲给我炖过几次天麻，所以知道天麻宁神补脑。从前的天麻和人参一样金贵，哪能有事无事当饭吃！现在我终于知道了，艾芜的天赋固然与生俱来，但他年轻时代就在这里行走出没，那野生真品天麻一定是常吃不殆，才滋养出人所不能及的鬼斧神工之笔啊！”写下这段关于小草坝天麻的美文的当代著名女诗人就是舒婷。

著名作家王祥夫在《彝良二记》中也写到小草坝的天麻：“天麻是很珍贵的药品，而天麻最好的产地便在彝良……”著名作家徐坤在《小草坝之夜》中说：“傍晚的接风酒席宴上，美丽的小草坝

姑娘端出了用天麻煲出的各种靓汤，喝上一口，直暖肺腑。”陕西一个 80 后的诗人读了舒婷等人的美文，曾写下这样的诗句：“三十里明沙二十里川 / 写不尽痴情女子多情汉 / 彝良是个好地方 / 我想吃天麻。”

云朵下的彝良，地灵人杰，物华天宝，资源丰富，不仅是将军的故乡、英雄的热土，还是世界天麻的原产地。彝良因为天麻，所以充满了魅力和神奇。

天麻的故乡在云南，而真正名扬天下的天麻，又出在云南东北部的彝良县小草坝，因而小草坝天麻又被称为“中国小草坝天麻”。世界天麻的原产地的小草坝原始森林，青山叠翠，飞瀑荡谷，是昭通市最大的原始森林，也是省级风景名胜区。四川盆地的暖流与云贵高原寒流交汇于此，气候属中亚热带季风气候，常年多雨多雾，温凉潮湿的气候，造就了以小草坝天麻主产区为中心的优质天麻生长的得天独厚的自然环境。同时，彝良拥有世界品质的野生天麻种质资源，是开展有性繁殖、无性繁殖的优质种麻。因为天麻的缘故，小草坝人大多长寿、健康，少有头痛、眩晕、中风偏瘫者。有人好奇地问：“你们可曾大量食用天麻？”他们说：“天麻能赚钱，我们舍不得吃。”真实的情况应该是：小草坝人喝天麻水长寿，外乡

天麻采挖体验

1

人吃天麻块健康。

早在唐朝，小草坝神奇的野生天麻就是“贡品”，而在“弓马取天下”的雍正或乾隆王朝，小草坝天麻曾给皇上祝寿，被烹调成“满汉全席”。清光绪年间，小草坝天麻又被用于治疗慈禧太后的面风和光绪皇帝的头晕。唐初，东安县（今彝良县）就将天麻作为礼品敬奉唐太宗李世民。从此，天麻作为贡品年年必备。《叙州志》载：“贡天麻为叙府

之要务，每年必派员从乌蒙（今昭通）之小草坝购得，马帮入川，载以官船，直送京都，皇上分赠诸臣，文武要员以获此赏为荣。”清乾隆五十年（1785年），亦即弘历即位50年，筹办大庆，时年又逢弘历74岁，亦应上寿，双喜临门，“举‘千叟宴’礼”。四川布政王占柱阅罢诏书，立即督促叙州知府施光骆派人来小草坝采购天麻为皇帝祝寿。宴席上，皇宫老臣等入席者达3900人之多。自此“千叟宴”后，天麻既入皇室药膳，又入宫廷御膳。

1972年，美国总统尼克松访华，国宴中有一道菜是中国特色的“天麻气锅鸡”，采用的就是小草坝特级野生天麻。尼克松在宴会中对天麻气锅鸡赞不绝口，并风趣地说：味道太鲜美了，真想连锅都一起吃

❶ 云南小草坝天麻

❷ 云南小草坝天麻交易

进去！毛泽东主席说："我相信，一个中国菜，一个中药，这是对世界的两大贡献。"从此，中国小草坝天麻更是名声大震！1986年，英国女王伊丽莎白访问中国，在云南期间，云南省人民政府宴请女王时，特意安排了云南特色的天麻气锅鸡。女王对这道菜尤其感兴趣，而这道菜用的正是小草坝野生天麻。

小草坝这样一个旧地名被皇上誉为"天财地宝"，因为小草坝曾以"宝藏"为名。从18世纪进入石门坎传教的英国传教士回国后绘制的英国地图上，可以看见标识在北纬27度和东经104度之间的"小草坝"三个字，这当然与小草坝的天麻有关。时至1978年，小草坝天麻在广州交易会上被冠以"中国小草坝天麻"。1993年，小草坝天麻又在"中国优质农产品及科技成果展览会"和1995年北京"食品专家鉴定会"上两次获金奖；十一届亚运会前夕，10吨小草坝天麻被指定搬上运动员食用的筵席。美国政府官员到我国访问，我国领导人馈赠的礼品同样有小草坝天麻。一年一度的中国昆明商品交易会上，小草坝天麻受到客商广泛关注，产品供不应求。从某种意义上说，彝良籍的小草坝天麻不仅是彝良和云南的荣耀，也是中国的荣耀。

与彝良小草坝天麻密不可分的人物，是被称为“天麻之父”的周铉。1926 年 5 月出生于黄帝故里河南新郑的周铉，自号轩辕遗少，1956 年考取中国科学院副博士研究生，成为中科院院士、著名植物学家吴征镒先生的得意门生。1960 年，中国科学院植物研究所昆明分所成立，周铉随吴先生来到素有“植物王国”和“动物王国”之称的云南，谱写了他与天麻的传奇人生。

偶然的机会，周铉在史书上发现，早在大清乾隆五十年（1785 年），四川宜宾知府就曾派人前来彝良小草坝采购天麻，作为贡品向乾隆皇帝祝寿。英国曾把小草坝天麻作为对中国进行文化渗透的对象，1887 年英国传教士来到彝良，就对小草坝倍感兴趣，在他们进行文化渗透所制地图上，就特别标注了“小草坝”。在英国出版的东方中国地图上找不到“彝良”二字，却能清楚地看到“小草坝”三个字，准确地标识在北纬 27 度和东经 104 度之间，以示著名天麻的原产地和对小草坝天麻的特别关注。诸葛亮的七星营驻扎在小草坝，他的士兵因瘴气反应吃了闻名世界的野生天麻，精神抖擞，大获全胜。

周弦痴迷于小草坝天麻的神奇传说，为了揭开小草坝天麻的神秘面纱，面对野生天麻越来越少、濒危灭绝的状况，他放弃四季如春的省城生活，于 1966 年，不顾家人的反对，孑身一人来到小草坝，一待就是 13 年。在常年阴雨、潮湿寒冷

的小草坝朝天马深山老林里，为获得天麻生长规律的第一手资料，他一次次与死神擦肩而过。周铉在艰苦恶劣的环境下，克服重重困难，通过潜心钻研，小草坝天麻无性、有性繁殖实验终获成功。从此改写了天麻只能野生、不能种植的历史，他因此被誉为“天麻之父”。

周铉把天麻仿野生环境种植的技术无私地传给彝良老百姓，让天麻种植户富甲一方，为彝良乃至全国天麻产业的发展做出了突出的贡献。于 2012 年 11 月在首届全国天麻会议上被中国菌物学会授予“中国天麻研究终生成就奖”。于 2014 年 3 月被彝良县委、县政府授予“荣誉市民”称号，并特聘为彝良天麻顾问。

彝良的农民，因为种植天麻过上了小康日子。彝良天麻由野生变为仿野生种植，至今已有 50 余年的种植历史。从 1994 年起，县委、县政府把发展天麻产业列为全县十大绿色产业之一。县政府先后出台了加快天麻产业开发和天麻生产管理等多个文件，明

确和规范全县天麻的生产，促进了全县天麻产业的可持续发展。县委、县政府加强对天麻种植的管理和引导，使全县天麻仿野生种植由无序化粗放传统种植向按中药材 GAP 标准规范化、集约化节约型、适度规模化、科技化、产业化经营方向的根本性转变。到目前，天麻资源优势转变为经济优势开始凸显，天麻种植由传统种植转变为科技化种植，由天麻种植散户为基本单元转变为以天麻种植大户为基础的天麻协会。

好风凭借力，天麻上青云。彝良在做大做强天麻产业的进程中，受到省市党委、政府的高度关注。自 2002 年 5 月起，省委、省政府把生物资源开发纳入重中之重来抓，提出了像打造云烟产业一样打造“云药”产业；2011 年 8 月 4 日，省政府昭通专题会议要求大力发展绿色农产品加工业，力争把昭通打造成为以天麻为主的现代化中药基地。2011 年 9 月 7 日，在昭通市天麻产业发展专题办公会上强调，要以彝良小草坝为

媒体聚焦小草坝天麻

重点，整合现有优质“两菌”生产资源，规划建设天麻良种繁育基地，突出抓好以乌天麻为主的良种繁育体系建设。依托彝良天麻科技示范园和小草坝风景区的优势资源，彝良县开发以天麻为主的健康养生旅游项目，建设康体养生旅游基地、天麻中医药养生体验馆、天麻特色美食区、天麻生态种植体验区，打造中国最具魅力的天麻康体养生旅游基地，有效提升了天麻的知名度，带动了当地经济增收。彝良县城里天麻商店随处可见，天麻已经是群众致富的大产业，也是撑起彝良脱贫攻坚任务的支柱产业。彝良县把天麻产业作为带动全县脱贫致富的重要抓手，大力推广天麻的种植技术，培训麻农仿野生天麻种植和田间管理技术，采取“公司＋协会＋基地＋农户”的发展模式，不断开拓天麻产业链，增加产品附加值。截至2016年，彝良县天麻仿野生种植总面积达到5.99万亩，采挖天麻2.68万亩，鲜天麻产量达2097万斤，实现产值16亿元，成为群众脱贫致富的大产业。彝良小草坝景区于2017年10月1日开园营业。22日至23日，2017第五届全国天麻会议暨中国（小草坝）天麻产业发展高峰论坛在“世界天麻原产地”小草坝举行。来自全国16个省市，中国香港以及韩国等国家和地区近400名专家、学者和天麻产业企业负责人等云集小草坝，“论剑”天麻产业发展。本届高峰论坛由中国菌物学会、中国医学科学院药用植物研究所主办，彝良县委、县政府承办。旨在加强学术互动与商业合作，推广天麻栽培新技术，展示天麻产业新产品，延伸天麻发展产业链，提升昭通天麻产业水平，扩大小草坝天麻品牌影响力，为小草坝天麻走出云南、走向全国、走向世界搭建桥梁，进一步推动天麻研究与交流，促进我国天麻产业持续健康发展和繁荣。论坛上，来自中国医学科学院药用植物研究所、中国科学院昆明植物研究所、贵州省农业科学院、西南林业大学、昆明理工大学、吉林农业大学的教授、研究员分别围绕“天麻研究进展”“天麻与蜜环菌：朋友还是对手？”“对昭通天麻产业的思考”“乌天麻特征性研究”等主题做了主旨报告和演讲。与会专家学者各抒己见、畅所欲言，进行深入的交流和探讨。在思想的交流与碰撞中，现场气氛热烈。特别是91岁高龄的中国科学院昆明植物研究所研究员周铉也来到论坛现场，引发与会人员的阵阵

掌声。周铉教授在小草坝潜心研究天麻 13 年，创造了中国天麻有性繁殖法，被誉为“天麻之父”。论坛期间，开展了天麻种植、科技研发、食药同源等推广交流，举办了小草坝天麻烹饪美食品鉴会、小草坝风光油画展、天麻产业发展关键问题圆桌论坛、参观中国天麻博物馆和天麻栽培基地、小草坝生物多样性参观考察等活动。所有这些都为彝良县争取更多的政策和资金支持，发展壮大天麻产业，提供了千载难逢的发展机遇。

彝良因为小草坝天麻的美誉，才无愧于“中国神草”的故乡，无愧于“小草坝天麻甲天下”之美誉。神奇的“小草坝天麻”，在助农增收、步入小康的进程中，已经成为提升彝良影响力的一张名片。

壮哉朝天马

ZHAOTONG

四川人与云南朋友吹壳子谈到山的高低时，四川人说："四川有个峨眉山，隔天只有三尺三。"云南人更牛，说："云南有个朝天马，隔天只有一大拃。"争论不休时，一人从中劝解说：既然朝天马与峨眉山是弟兄，就不要谈论高低了，弟兄和睦相处，大家友好交往，亲密无间才是。众人诚服。

小草坝景区的朝天马山峰，气势之磅礴，有泰山之雄。两山被黑水河隔断，遥遥相望，直线距离不过千米，走到对面却要几天。其余诸山，有黄山之奇、峨眉之秀、青城之幽。

朝天马的名气，《镇雄州志》早有记载："朝天马，在下北有两山相连，宛若马形一高一低，土人谓为双马朝天，以高者为雄马，低者为雌马。高者险峻，绝顶有庙，甚古，不知创自何时？年久无人修补，自不滴漏崩斜；低者其顶稍平，上有佛寺，系明万历五年（1577 年）造，寺中佛石五尊，皆高八九尺。至国朝乾隆五十五年（1790 年）后人培修，有一佛右手镶用曲木补之，竟如生成，莫辩其为木、石。将进佛寺处有两石岩横断如门，名南天门。其处六月犹寒，万籁俱寂，并无人家。夜间常听鸡鸣、炮响。其地产有沉香、黄连。"明万历五年（1577 年），距今已 441 年，寺庙的建造比石佛更早。

杜鹃花开

这里流传着"双马朝天"的神话故事：古时候，昆明某寺的几尊佛不见了，庙中住持派人到处寻找，小草坝的农民夜间数次听见马蹄声，似往四川方向奔跑。他们甚觉奇怪，定要

看个究竟，便寻声追去。在叙府（宜宾）一条街上，发现两匹高头大马把一富户蓄存酿酒的几大缸水喝得一干二净。主人气得七窍生烟，大为愤怒，带着仆人拿着棍棒追赶出来，不见马的踪影，只见大街上留下庞大的蹄印。主仆寻迹跟追，与昆明、小草坝追赶者相遇，共同追到三江一带，再无蹄印。正狐疑间，猛然抬头看见相隔不远的两座山峰如两匹昂头朝天

1 天台之上

2 天门睡佛

的骏马横挡在前，山前有几尊金菩萨。追赶的人恍然大悟：是天宫差遣神马下凡运走昆明的佛像。昆明人说既然是天意，佛就不用回昆明了，我回去给掌门人禀报，你们在此修寺庙供奉。于是大家把金佛遮掩起来，立即组织人、财、物在两座马山上修庙，敬奉金佛。马山与峨眉山结成弟兄。从此，朝天马在滇川远近闻名，朝拜者络绎不绝。叙府的追马街改成了“走马街”。

又一传说是：新老朝天马原是天上的两匹仙马，当年孙猴子不听招呼、调皮捣蛋，连玉皇大帝都拿他无法，只好听太白星君的建议，招他到天上当了一个管理仙马的弼马温。新官上任三把火，孙猴子以为是个显赫的官位，便把圈中的仙马全放了出来，任其飞奔驰骋。其中一雄一雌两匹

仙马见人间绿草如茵、林木森森、山河锦绣、女织男耕、花香鸟语，其乐融融，并不亚于天上的仙境。两匹马秘密离群来到人间，踏青追逐、踢腿撕咬、翻身打滚、飞奔嘶鸣，比关在仙马圈中不知要快活多少倍。忽听归队呼哨，伙伴们飞奔回营，这两匹仙马听而不闻，继续在人间追逐。孙猴子叫部下清点马数，发现少了两匹，睁开火眼金睛一看，一公一母两匹马正高昂着头在地上奋蹄扬奔。心里想我老孙就是个为了自由天不怕、地不怕的角色，就不要受拘束，天宫也好，龙宫也罢，我都住不惯。既然你们不想回天庭，要在人间寻求自由，就成全你们吧！于是伸手一指，一个定身法就把他们定在那里，变成高昂着马头的两座马山，这便是“双马朝天”的由来。而今“千米大滑板”上留下不少马蹄印，据说就是仙马们踩踏留下的。

❶ 渴驼饮泉

❷ 冰清玉洁

②

四川人与云南朋友吹壳子谈到山的高低时，四川人说：“四川有个峨眉山，隔天只有三尺三。”云南人更牛，说：“云南有个朝天马，隔天只有一大拃。”争论不休时，一人从中劝解说：既然朝天马与峨眉山是弟兄，就不要谈论高低了，弟兄和睦相处，大家友好交往，亲密无间才是。众人诚服。

层林尽染

1

2

❶ 小草坝杜鹃花开
❷ 小草坝杜鹃绽放
❸ 傲世独立

人们要看双马朝天的真容，可在庙坝乡牛场村田竹（铜厂）自然村对面的头发山、磨槽弯山头看，新、老朝天马如两匹雄峻的大马，高昂着头，张着大口仰天长啸：旭日东升之时，新朝天马的马头首先享有万道霞光；久雨转晴之时，凌晨见彩虹升空，便要晴40天；久晴转雨见彩虹，就要下雨40天，当地农民认为千真万确。山头起雾，首先笼罩“马头”。从彝良乘车到马家弯林场处下车，横走小路几分钟是倒开门，再上行十余分钟到大石头、闷山坪斗口子、铁炉梁子、离田黄不远的宝龙场垭口与庙坝，乃至四川的一些地方亦可观看。有人在闷山坪某高地观之，旭日从马头升起，马口吞食火球之壮观，令人叫绝。

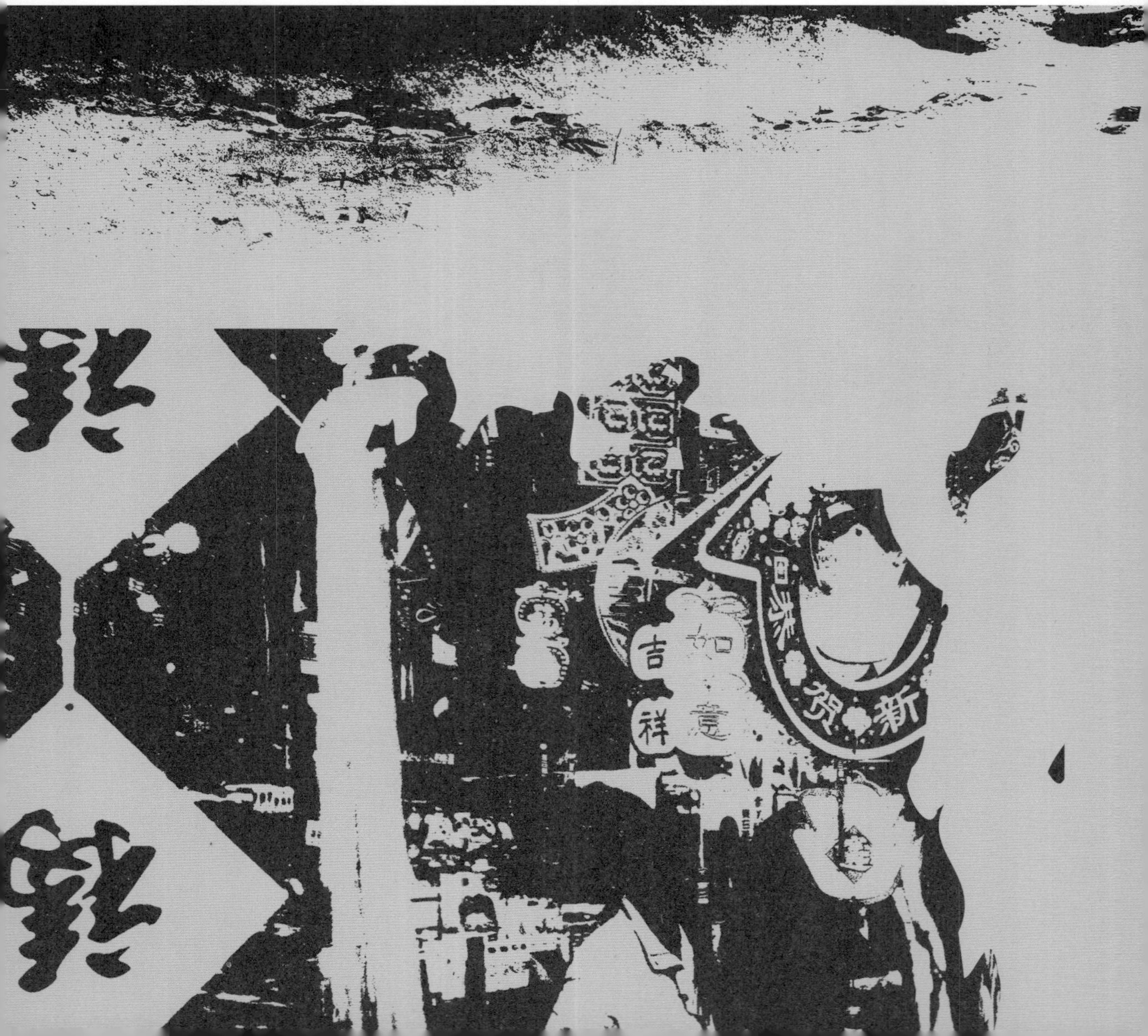
如意
吉祥

第五章

文脉流芳

没有文化的地方，生长的是愚昧和无知。文化的活跃，推动着社会的进步和发展。彝良是多民族的县，有着深层的文化底蕴，是磅礴乌蒙的一颗璀璨明珠。

彝良是多民族县，各种民族文化的交融，具有很强的民族特色。彝族、苗族是古老的世居民族，他们有千年文化的根，彝族的酒礼歌、苗族的芦笙舞及古歌演唱、民族服饰，都保存着古老民族文化的特色。

近年来，著书立说，个人专著丰厚，给彝良文学增添了新的特色。今天，彝良正走在文化创新、文化兴县的路子上。

飞吧，飞吧，让彝良五彩缤纷的文化升腾、升腾，高高飞翔。

牛街旬刊播火种

ZHAOTONG

《牛街旬刊》是境内最早的以发布新闻为主的综合性报纸，设本地新闻、国内重要消息、时事综述、《野火》副刊、诗歌散文等栏目，刊载内容有论文、小品、诗歌、散文，并转载《新华日报》的一些重要消息。

1945年夏，云南省工委派中共党员陈季伯到牛街中学，以教书为掩护，与先期到达的方在光一起秘密开展党的工作。他们在学校组织“读书会”，引导学生阅读《新华日报》《群众》和鲁迅先生的《阿Q正传》《狂人日记》《呐喊》《彷徨》《孔乙己》以及曹禺的《雷雨》和郭沫若的《女神》等进步书刊，并建立小型图书馆，为学生开辟了学习园地，使学生受到革命思想的启迪和熏陶。由于进步思想在学生中的传播，牛街中小学教师、学生中的政治气氛日趋浓厚。《曙光》《野火》《榴火》等壁报应运而生。

1945年12月，陈季伯、方在光利用广大师生办壁报的热情，以油印的形式创办了半月刊《牛街旬刊》，这算是试刊号，周君友担任总编辑，经费由中学公杂费开支。1946年元月创刊号在牛街中学公开发行，陈季伯负责写稿、审稿，唐克勤等负责油印。陈季伯为创刊号题词“野火烧不尽，春风吹又生”，方在光题词“努力学习，迎接曙光”，高丕文题词“榴火遍地红”，由陈季伯亲手刻印。从第24期开始石印，4开2版，收费发行。1947年10月1日，《牛街旬刊》出至第64期，民国政府内政部批准发行，以“京警滇字99号”予以登记；1948年4月11日出第83期时，云南省邮政管理局核发了编号为172号的营业执照。1949年初，《牛街旬刊》社购入圆盘铅印机，从第97期起，改为铅字印刷。

《牛街旬刊》是境内最早的以发布新闻为主的综合性报纸，设本地新闻闻、国内重要消息、时事综述、《野火》副刊、诗歌散文等栏目，刊载内容有论文、小品、诗歌、散文，并转载《新华日报》的一些重要消息。中缝刊登广告，每字五元，1至23期皆为赠阅，24期开始收费发行，对《新华日报》等报纸杂志免费邮寄，编辑人员义务工作。

《牛街旬刊》内容丰富新颖，版面生动活泼。例如一则小品写道："明明世事你不问，处处拿钱有眼睛。"风趣地讽刺了地方官绅们不关心民众疾苦、只顾敲诈勒索民脂民膏的贪赃枉法行为；《拉兵》一文，揭露了乡、镇保长们如何借抓壮丁勒索民众钱财的敲诈行径；《漫步街头》则影射地方官绅之间玩弄权术、争权夺利的丑恶现象；《该人已做亏心事，防人敲门站卫兵》影射当地士绅做贼心虚；《秋收》以日记的形式，描写农民日作晚归、日复一日地辛勤劳动，秋收后的劳动果实在交纳沉重的地租和各种苛捐杂税后所剩无几，过着食不果腹、衣不掩体的悲惨生活；《公子哥儿的画像》生动地描绘出纨绔子弟们四体不勤、豪争霸夺、耀武扬威、奢侈淫乐的糜烂生活。

《牛街旬刊》的创办发行，不但使大部分青年师生和民众受到进步思想的教育，同时由于不断揭露地方官绅的反动统治和对民众的残酷剥削、压迫，公开抨击县府引狼入室、扰乱地方治安，使他们的横征暴敛行为有所收敛。一个时期，牛街镇公所及所属各保的派款、收款也不得不在街头张榜公布，对官绅们的贪赃枉法等腐败行为，起到一定的遏制作用。

中共镇彝威小组利用《牛街旬刊》宣传中共主张，传播革命思想，报道时事新闻，揭露当局弊政，鼓动反抗斗争。刊登了《永焜支队近景》《东川小朋友踏上革命路》等文章宣传革命道理，深受青年学生和广大民众的青睐，但却遭到地方官绅的极端仇视。他们极力煽动一部分人对《牛街旬刊》的发行设置障碍、横加干涉，甚至造谣中伤、撕毁刊物。1948年，陈季伯、方在光离开牛街后，《牛街旬刊》的出版、发行权由地方官绅把持。1949年6月16日，云南省政府以"违反国策应饬查封"发文彝良县政府"查封《牛街旬刊》社"，同年11月8日被迫停刊。共出139期。

彝良文化的发端，都在牛街。包括昭通市内乡镇出版的第一本志书，也是《牛街镇志》。牛街镇党委、镇政府组织人马，历时16年撰写了记载牛街千年历史的志书《牛街镇志》，煌煌一大册。

春风吹拂书香浓

ZHAOTONG

今天，呈现在我们面前的这部鸿篇巨制，记载着彝良地区上至天文、下至地理，从自然到社会，从政治到经济，从历史到现实，从人物到社会风貌的一部百科全书，是一应俱全、包罗万象的资料汇总。它是一本资政之书、教化之书。

地方志是中华民族特有的文化瑰宝，宋代哲学家张载曾将志书比喻为“为天地立心，为生民立命，为往圣继绝学，为万世开太平”。一本志书影响竟那么大，被历朝历代上至皇室，中至哲人，下至子民，奉为至上，自有“治天下者以史为鉴，治郡国者以志为鉴”之说。韩愈过岭，先借韶州图经；朱熹下车，便问南康郡志。修志在中国有两千多年的历史，在历史上，无论是远见卓识的政治家，还是愿成就事业的地方官皆重视修志。

彝良历史文化虽厚重，但憾而无志，历史的昨天是一片空白，今天也是一片茫然。早在清乾隆盛世及民国年间彝良曾出过几次修志风波，一些文人志士雄心勃勃，要为彝良修出一部经世之作，但最终还是搁浅了，百年修志引无数英雄竞折腰。20 世纪 80 年代初，盛世修志的春风吹到彝良，县政府决定雪无志之愧，不管遇到任何艰难困苦，花多大的代价，都要修出一部高质量的县志。随即组织县志编纂委员会，抽调精兵强将组建写作班子，张贴告示，通告全县修志喜讯，动员全县人民为修好彝良县志献心献力。于是，一场万民修志的盛况在全县开展。

为了全面、系统、真实地反映彝良的历史和现状，提高志书的质量，县志办和负有修志任务的单位，多次派出专人内查外调，采取查阅档案、社会调查、座谈采访、信函联系等形式，多方搜集整理资料。可贵的是当时有几位 80 岁至 90 岁高龄的热心老人，不仅经常到县志办提供熟知的资料，而且还三五成群地在一起“忆”和“议”，又做成资料送交县志办。在外查阅资料中，文化馆的馆长朱玉祥在查阅档案材料时，在酷热的天气下，连续几天不休息，突发高血压病逝；县粮食局局长晏丕泉在昭通查找资料时，突发重病经抢救得活。

根据县志编纂的总体设想及实施方案，有 76 个单位负责部门志编写提供资料的工作，为此各单位先后选定 42 人参与修志工作。部门修志人员中，有民国时期彝良县政府的军政要

农民工的渴求

员，有新政权接管时期的代表，有历次政治运动中的亲历者。在部门志的编写中，出现了一家四口父子齐上阵的动人情景。钟文惠的父亲编写《商业志》，钟文惠的两个弟弟钟文才、钟文军分别编写《卫生志》《交通志》，钟文惠承担《新闻志》的编写任务。这正是“父子冲锋打头阵，众志成城修县志”。

编修县志是一项浩繁、艰苦、巨大的工程，字里行间无不留着修志人的辛勤的汗水。他们严谨、执着，既咬住青山不放松，又广泛地四处摄取，如辛勤的蜜蜂，去酿就百花蜜，让香甜满人间。他们加班加点忘我地工作。在战斗中，有两人牺牲，周世凡、蒋洪祥二人在辛苦劳累中死去；多人战伤：主编孔繁山带病开车，几次病倒住院，陈明仁、周朝云、谢厚林等修志骨干先后病倒。好像天也有意断绝彝良修志这条路，可是天无绝人之路，在修志人的坚持、

农家书屋

奋斗下，最终不辱使命，完成了全县人民的重托。

1992年初，县志进入分纂、总纂。为加强力量按期完成编纂工作，县志办在原有7人的基础上，县委先后从机关、学校调、抽、聘8人参加编纂工作，全体编纂人员边编纂、边补充搜集资料，殚精竭虑，笔耕不辍，经过一年多的艰苦劳作，完成全志初稿。1993年10月，志稿送交各单位自审。12月中旬，召开有昭通地区各志办主任、修志同人40人，县内5大机关领导、科局负责人及各分志编写人员112人参加的县志评稿会议，提出上千条修改意见。在广泛听取各方面意见的基础上，对一些篇目进行了调整，补查民国档案593卷，以补充民国时期资料的不足。入志资料下线由原定1988年延至1990年，再增补1989年、1990年的资料。1994年5月，县内组建终审组，代县委、县政府对县志行使县内终审权，根据县内终审意见，再次修改定稿。全志经过8次大的修改、3次修正定稿，先后报昭通地区行政公署和云南省地方志办公室复审验收。1995年6月交云南人民出版社出版。为了使书的印刷质量达到更高水平，选择了深圳罗湖印刷厂印刷，全书一百余万字，纸张为日本进口纸。1997年10月《彝良县志》面世，发行全国各地。苦战八载，全书告竣。至此，开天辟地，彝良有了第一部县志。意想不到的是，县志一出，在全国引起良好反响，普遍认为质量高乘、志体规范、记述详尽，有地方特色，1998年获云南省地方志优秀成果奖第二名。在县内，一时洛阳纸贵，争相传阅。

今天，呈现在我们面前的这部鸿篇巨制，是记载着彝良地区上至天文、下至地理，从自然到社会，从政治到经济，从历史到现实，从人物到社会风貌的一部百科全书，是一应俱全、包罗万象的资料汇总。它是一本资政之书、教化之书。当时条件非常差，不像今天有电脑，每一字每一句都是修志人一笔一画“爬格子”出来的。这志书中，更有着修志人修志问道、执笔著史的精神，爱岗敬业、淡泊名利、甘于奉献的执着追求，

1

经世致用、秉笔直书、锲而不舍的史官风范，恪职尽守，真抓实干、开拓进取的职业操守。用他们的青春和生命著写春秋，用青史铸就了辉煌。第一届修志人很多都入古了，特别是那些可敬的老人，当修志人员从他们口中抢到一手稍纵即逝的资料后，不久便离开人世；修志的“枪手”中有孔繁山、蒋鸿祥、吴耀华、周世凡、钟文惠、李维民、谢厚林、陈孝周，他们都相继辞世，在书中还能看到他们拼搏、奋斗的影子。“明月装饰了你的窗口，你装饰了别人的

梦。”“历尽千辛修县志，曲径行舟更风流。”这正是对修志人的赞誉。

由于有了第一部县志的开拓，2006 年开始续修第二部彝良县志，为体现改革开放的伟大成果，内容起止时间为 1978 年至 2005 年。在总结前志的经验和不足后，又有了新的创意，利用了现代的科技，采用图文并茂的形式，使志书跃上一新的水准。这是一代新的年青修志人，经过多年的艰苦奋斗，第二部彝良县志于 2011 年面世。

在两部县志的推动下，推出了一批部门志，先后有《彝良县公安志》《彝良县军事志》《彝良县土地志》《彝良县农业志》《彝良县人民医院志》《彝良一中校史》《彝良县政协志》《彝良县人大志》《彝良风物》《牛街镇志》刊于世。自 1990 年彝良第一部县志断限后，每年不间断出版了《彝良年鉴》。这些志书极大地丰富了彝良文化宝库，填补了彝良无史无志的空白。

❶ 优先发展教育

❷ 读书使人美好

微雕大师陈守仁

ZHAOTONG

"陈守仁作牙雕中山先生像，大小与六寸照片相似，着西装半身，与世之习见之照片相同。惟神情毕肖，则过于照片。全像乃细刻《兴中会宣言》《就临时大总统职宣言》《讨袁宣言》《护法宣言》《总理遗嘱》及《建国大纲》等文字组成，全像计 12400 多字，字体细小，有如针头，用一百倍放大镜视之方显。字迹分明而俊秀，观者以为'神技'。"展出期间，军政要员及文化名流赞不绝口，争相邀约前往，叹为"神技"。

读茨威格《世间最美的坟墓》，看到托尔斯泰那最朴素最简单的坟墓，总是让人想起另一个人的坟墓，那就是牛街人陈守仁先生的坟墓。那也是一座简单得不能再简单的坟墓，桐树掩映，芳草萋萋，墓碑上仅有"滇东北陈守仁墓"七个字。是的，没有生卒年月，没有生平介绍，没有成就记录，没有头衔称号。然而，他一生留给我们丰厚的文化遗产，是值得每一个牛街人、每一个彝良人、每一个昭通人、每一个云南人牢记的！

陈守仁，名正荣，字守仁。祖籍牛街张家溪，1899 年出身于昭通县一个普通的知识分子家庭。幼年，随其父迁回彝良牛街定居。因家境贫寒，就读于当地义学。1909 年，其父应聘至镇雄教书，陈守仁随父到镇雄继续求学。1913 年考入昭通县云南省立第二师范学校，毕业后，先后在红岩陇氏私立小学、牛街两级小学、角奎小学任教。1920 年前往昆明谋职，先后任省建设厅垦务委员会主任，民政科第四科科长。办过面粉厂、碾米厂，也曾自制除虫药水和蚊烟香出售，民国三十三年（1944 年）发明守仁菜油灯，获国家专利。

陈守仁从小酷爱书法、绘画，书法流畅娴熟，山水、人物、虫鱼、花鸟画，生动传神、惟妙惟肖；各种书体均有相当造诣，尤擅长雕刻。30年代中期，他筹措资金，在昆明护国路租了一幢房子，从事雕刻，所得除维持日常生计外，全部用作微雕艺术创作，尤其是他的组字人像的创作，牛街人特有的勤劳和聪慧让他在艺术上不断进步。

1937年3月，在南京全国美术展览会上展出了陈守仁的作品，其一是集《金刚经》全文成佛像《观音大士佛像》，还有《孙中山总理像》。《孙中山总理像》在一块3英寸见方的象牙面上，刻录国民革命不同时期的重要文献，计12400多字，组成孙中山先生半身像。他的作品与美术大师刘海粟、徐悲鸿的作品同室展出，引起了巨大轰动，《申报》《文汇报》等各新闻媒体争相报道。4月1日《中央日报》刊文称："陈守仁作牙雕中山先生像，大小与六寸照片相似，着西装半身，与世之习见之照片相同。惟神情毕肖，则过于照片。全像乃细刻《兴中会宣言》《就临时大总统职宣言》《讨袁宣言》《护法宣言》《总理遗嘱》及《建国大纲》等文字组成，全像计12400多字，字体细小，有如针头，用一百倍放大镜视之方显。字迹分明而俊秀，观者以为'神技'。"展出期间，军政要员及文化名流赞不绝口，争相邀约前往，叹为"神技"。

中华人民共和国成立后，陈守仁先生担任过昆明市政协委员，先后在昆明市牙雕生产合作社、工艺美术厂、工艺美术研究所工作，并开始带徒传艺。曾先后出席过省市先进生产者、先进工作者、老艺人代表大会。1964年，在昆明的一次工艺美术品展览会上，展出了陈老先生的象牙微雕毛泽东、刘少奇、周恩来、朱德字组像，这4幅字组像完全由刻录马列主义经典著作文献组成。作品吸引了广大观赏者，受到了高度的赞扬。毛主席像在长14厘米、宽10厘米的画面上，清晰地雕刻出毛泽东的形象，透过放大镜一看，画像由《在延安文艺座谈会上的讲话》和《改造我们的学习》两篇文章组成，共26000余字。字体刚劲、流畅，行行工整，字字秀丽，布局章法得体，画像亲切动人，堪称功底深厚、技艺精湛。其余几幅字组像也都惟妙惟肖、形神兼备，是极少见的微雕佳作。

陈守仁先生的作品，1950年以前有的已散失，有的流往国外，1950年后的作品，大部分由政府收藏、保存下来。保存下来的微雕作品还有《伟大的会见——毛主席和赫鲁晓夫握手》《在游行队伍中，抬着毛主席像》《红旗》，以及昆明四大风景：龙门、石林、大观楼、金马坊，这些作品现在都成为传世工艺瑰宝。

陈守仁先生祖籍牛街，生于昭通，长于牛街，对家乡牛街有深厚的感情。民国十三年（1924年）大荒，陈守仁在红岩陇家任教，用自己的工资购玉米，运回牛街，用于"施稀饭"，救济民众；民国二十三年（1934年），陈守仁先生在昆明购漆秧3000余株运回牛街张家溪种植；民国二十五年（1936年），陈守仁先生购置普洱茶运回牛街种植，这一年，陈守仁先生为在牛街设简易师范学校，在昆明四处奔走；民国三十六年（1947年），陈守仁先生购买烤烟种带回牛街并聘人指导种植。

陈守仁创作十分投入，每幅像总是先构思布局，然后再从头发、额头、眉毛、鼻子往下雕。雕时先凝思片刻，屏住气息，整个身体除眉毛和面部时而微动以外，如铜铸泥塑一般。视线只看雕件，运刀单靠心意，雕法独特奇妙，素有"神刻"之称。通常每雕一幅像需六七天。雕好后，他像得了一场大病一样，眼疼、臂酸、腰痛。尽管充满艰辛，他几十年操刀不辍，直至双目近于失明。1980年5月24日，一生操刀不辍、积劳成疾的陈守仁病逝于昆明。先生一生都对故土牛街怀有深厚的感情，留下遗嘱，要将骨灰安葬于牛街，家人遵其遗愿将其骨灰护送回牛街，安葬于牛街木瓜树。一生操劳的陈守仁先生终于可以休息了，终于可以守候着令他魂牵梦萦的白水江了，终于可以陪伴着令他难以割舍的古镇牛街了！

文苑百花齐争艳

ZHAOTONG

诗人海男在诗中写道：“在离我不远处的滇东北，那苍茫深处的大山之外的大山下是彝良，这座被诗人不断歌吟的县境内，绵延出英雄和美人的传说。在有星空照耀之时，有书卷般铺开的河流环绕县境，有彝良诗人们在黑夜深处吟诵的神秘长廊……”

彝良县的文学艺术，从1950年后创办的《彝良报》开始就刊载有文艺作品。文艺刊物除文化单位主办外，还发展到民间自办。

1956年3月5日创刊的中共彝良县委机关报《彝良报》，1959年7月停刊，1982年9月复刊，至2003年底共出刊1071期。从2004年1月起更名为《彝良新刊》，2005年7月29日停刊，四刊四版，特别是1982年9月复刊后的《彝良报》文学副刊“洛泽河”，为发现和培养了一大批彝良作者做出了贡献，是彝良作家、诗人的摇篮。2000年5月，彝良县委、县政府还承办了云南省报纸副刊研究会2000年年会。《云南日报》《春城晚报》《大观周刊》《云南政协报》《云南广播电视报》《云南经济日报》《云南个体经济报》《昆明日报》以及昭通、曲靖、临沧、思茅（今普洱）、保山、红河、丽江、迪庆、玉溪等省州市县区的总编和副刊编辑参加了年会，会议还组织与会者到小草坝景区采风，《云南日报·高原周末》还出了采风作品专版。

县文化馆主办并于1984年创刊的《彝良文艺》，1985年改油印为铅印四开四版双月刊，至1995年底共出39期，主要刊登小说、诗歌、散文、戏剧、曲艺、书画作品。先后由游有鲲、李云波、李厚昌等担任编辑。

彝良的民间刊物也如雨后春笋，1983年，牛街镇的张天鹏、唐光全等创办了油印刊物《摘耳根》，共出3期。1984年，彝良作者蔡贵华等人接着成立了地平线诗社，创办了《地平线》诗刊，共出5期，除第4期为铅印外，其余为油印。《云南日报》曾对《地平线》诗刊做了报道，《绿风》诗刊选载了该刊的诗歌。1985年，海子小学教师周乾银、苟占东创办了《星期日》报纸，主要刊登小说、散文、诗歌等，铅印，四开四版，共出3期。陈衍强还在1986年独立出了1期油印民间诗刊《南方》。牛街镇王富琪于1990年7月主编了油印文学刊物《白水江》，共出了2期。1991年，由县文化馆、县烟草公司联合编印了1期《苦丁茶》杂志，共印2000册，收录了1978年以来彝良作者的诗歌、小说、戏剧、散文、游记等约20万字。1997年，牛街镇老年协会创办了刊登诗、词、散文等的《夕阳红》杂志。1998年，牛街镇老年协会主办了《夕照金辉》墙报，刊登诗、词、联、小说、散文等，到2004年8月共出43期。1999年，县图书馆李厚昌主编了《读者之窗》，刊登诗歌、散文、信息、实用知识等。此外，彝良一中、县职业高中、实验中学、毛坪中学等也成立了文学社并创办了社刊。

深受读者喜欢的《彝良文学》

彝良县的文学艺术，是一支引人瞩目的文艺方阵。戏剧方面，1965 年孔繁山创作的评书《黑山红鹰》，1976 年李厚昌创作的金钱板《智斩栾平》、汪弼光创作的对口快板《老两口上夜校》、李克章创作的四川清音《县委书记来山寨》分别参加云南现代曲目观摩演出和省地调演。1982 年 7 月，李厚昌创作的花灯小戏《布谷声声》由彝良文工队代表昭通地区在昆明参加云南省戏曲现代戏调演，获省文化厅优秀节目奖，该剧多次在云南电视台播放，剧本刊于《云南剧目选》。

音乐、舞蹈方面，1989 年 10 月，彝良县文化馆编排的苗族舞蹈《争姑娘》参加省文化厅举办的文艺调演，获三等奖。1997 年，由杨忠伦主创的苗族声乐节目《飞歌，走向新时代》获“彩云苗族优秀声乐”铜奖。1999 年，朱英创作的歌舞《踩月亮》在云南省第三届民族民间艺术展演中获优秀奖。2002 年，何琴柯创作的歌曲《月亮、太阳、火塘》在《云岭之声》上发表。2002 年，由杜崇忠、曾令云、饶祥碧分别作词，蒋大为、亚东等演唱的歌曲《美丽的彝良》《青青小草坝》《彝良，我英雄的故乡》制成光盘在国内发行。

美术方面，李长敏在 20 世纪 60 年代创作的宣传画《高唱革命歌，奋勇向前进》由云南人民出版社出版。之后，龚德全创作的油画《乡场》被选入云南省美术展览。

陈衍强领边疆文学大奖

摄影方面，曾宪华的摄影作品《泳》参加了云南省摄影展览，《歇》刊于《民族画报》。朱光龙的摄影作品《阿作舞》参加了云南民族风情录展览。1990 年 5 月，曾宪华、杨忠伦、杨智雄、杨升华、梅征翔等人的摄影作品 35 幅入选参加北京举办的《全国部分革命老区摄影展览》。

彝良县文联是 2004 年 10 月在全市率先成立的第一家县级文联，组建协会有文学协会、音乐舞蹈戏剧协会、摄影协会、书法协会、美术协会，主办有《彝良文学》季刊。

县委、县政府对繁荣文学艺术事业非常重视，把“文化固本”确定为彝良的三大发展思路之一。在全县各种大会上，县委书记等领导多次对县文联的工作给予高度评价，还把县文联的成立和《彝良文学》的创办写进县委工作报告和政府工作报告，并把支持文艺

彝良女诗人在彝良毛家沟景区采风

创作，把《彝良文学》打造成彝良的文化名片列入全县国民经济和社会发展“十一五”规划，从而以文本和制度的形式确保了文联工作和《彝良文学》的健康发展，县委领导还为办好《彝良文学》多次做了批示。

县文联积极组织和配合县委、县政府开展文学活动。2005年4月举行了《彝良文学》首发式，邀请了创刊号的封二人物——作家夏天敏、诗人贾薇参加了首发式。首发式不仅以《彝良文学》的形式宣传了文联工作，也宣传了彝良文化。2005年8月，经县文联发起，由县委、县政府主办了“中国作家走彝良”采风活动，邀请舒婷、刘醒龙、徐坤、夏天敏、雷平阳、王祥夫、张庆国、欧阳黔森、胡性能等著名作家、诗人出席。《文艺报》《文学报》《中国青年报》《云南日报》《都市时报》等媒体分别对采风活动发消息或进行相关宣传。北京

县文联与学校举行诗歌朗诵会

的《青年文学》杂志在2006年第四、五期上分别以上下两辑的形式编发了“中国作家走彝良”专辑。舒婷参加采风活动后写的散文《彝良啊彝良》分3期在《香港文学》连载，张庆国参加采风活动后写的散文《彝良的月光》在《云南日报》以半版的篇幅刊发，谢大光参加采风活动后写小草坝的散文《草坝篝火》刊发在2006年12月12日的《人民日报》上。这次采风活动，正如各媒体评价的是一次“作家诗人唱响彝良”的成功尝试。

县文联通过开展各种文艺活动，进一步宣传了彝良的美好形象，提升了彝良的知名度，团结和培养了彝良文艺工作者，从而树立了文联的良好形象。为奖掖在文学创作上有成就的作家和诗人，激励和呼唤更多的精品力作，彝良县文联在2014年设立了彝良文学奖，获奖作品从《彝良文学》发表的作品中产生，评判标准遵循作家和诗人对文学的坚守与创造，为写作付出的心血与热情，向读者展示的勇气和才智，作品在《彝良文学》发表后产生的关注和反响。同时注重作品与人品、名气与才气、实力与潜力以及为宣传彝良和提升彝良美誉度所做的努力。主办方向获奖者颁发奖金和证书并长期赠阅《彝良文学》，现已举办了四届。

县文联主办的《彝良文学》季刊，自2005年创刊以来，以新锐的观念、精彩的编排，在县级文学刊物中后来居上，深受各级领导和广大读者的好评。无论是版面设计还是作品质量都达到了较高的水准，被称为是“县城出的首都刊物”。《彝良文学》于2006年策划、推出的几期专号，不仅阵容强大，而且排版精美大气，在读者中产生了广泛影响，有作家称“代表了中国县级文联刊物的最高水准”。国内有影响的《诗选刊》在2006年第8期选载了《彝良文学》上的6首诗歌，在2007年第5期选载了《彝良文学》上的3篇随笔，并有1首诗被收入《2006年中国诗歌精选》。《2010中国最佳诗歌》收入了《彝良文学》2010年夏卷发表的7首诗和秋卷发表的13首诗。《2012中国最佳诗歌》收入了《彝良文学》2012年春卷发表的5首诗歌。《中国诗歌》分别在2012年第12期和2013年第12期先后转载了《彝良文学》的4首诗歌。云南省作家协会主办的《百家》文学选刊多次转载《彝良文学》上的作品。人民出版社出版的《新华文摘》2018年8期也转载了《彝良文学》发表的诗歌。上海《文学报》和云南的《文学界》分别对《彝良文学》做了专门介绍。2007年6月，《彝良文学》被省作协评为云南优秀文学期刊，主编在当年和2010年10月两度获云南省文学期刊优秀编辑奖。在由动刊网主办，新华网、搜狐、人民网、网易等网络媒体和广大读者投票评选的“2009无线互联网优秀在线期刊三十佳评选”活动中，《彝良文学》在300家参选杂志中名列文学类第二、综合类第二十二，被评为“优秀在线期刊三十佳”。

昭通诗人上钟山

《彝良文学》从创刊起就制作了“彝良文学网络版”，成为县文联主持的“彝良作者选稿基地，作家诗人交流平台”的又一网络媒介，曾被上海“诗歌报网站”评为“华语诗人榜”的务实之坛。县文联还与全球人文期刊第一网站龙源期刊网合作，将2006年以来出版的各期《彝良文学》制作成网络电子版，进一步提高了刊物的公众认知率，增强了“彝良名片”的影响。《彝良文学》每期除了向各级领导和县直各单位、各乡镇、各中学以及全县文学爱好者赠阅外，还向全国的作家、诗人、评论家寄赠达300册以上。总之，《彝良文学》已成为彝良的一张文化名片，成为推动彝良作者走出彝良的重要舞台，为彝良的对外宣传和先进文化的传播发挥了积极的作用。《彝良文学》从创刊起，除了坚持名家效应外，始终以培养彝良作者为主，每期用“彝良方阵”专栏不遗余力地培养、推介本土作者，至今已刊发了200多名彝良作者的作品。

彝良的文化人，不得不提苗族诗人杨芝。他一生致力于

苗族古诗的搜集整理、传唱，把苗族古老的文化传承下来。生于龙街梭嘎村的杨芝，在清光绪三十二年（1906 年）入石门坎教会学校初级部读书，由于他能讲苗、彝、汉语，且成绩优秀，仅读到二年级，教会便安排他传教。杨芝先到奎香寸田坝启蒙学生三年，后由教会派到寻甸县绿荫塘去开辟教区，负责修建教堂传教。杨芝一去便是二十余年，一直到 1945 年才回到彝良。杨芝被英国牧师伯格里称之为“苗族精英”。长期在石门坎、彝良一带传教的英国牧师威廉·哈慈佩斯在《石门坎与花苗》一书中，把杨芝作为“苗族人的形象，少见的男子”记述下来。在他的印象中“杨芝身材细瘦，高度仅为五英尺，脸上布满深色的皱纹，于人群中可谓其貌不扬”。“由于他努力实践和具有值得称道的天性，他着力采集苗族古歌和民间传说，他积累的古歌与民间传说无人能比。”他还可以用流畅的汉族、彝族语言向其他民族讲述故事。英国牧师伯格里记述，

他听杨芝唱古歌、讲故事出神入化、津津有味，时常听得入了迷，他搜集的苗族古诗、歌曲大部分来自杨芝的口中。当地的土司看上他的才华，想让他去当管事。杨芝好言谢绝土司说：“我要做一个好的传教士、好教师，而不是一个管家。”杨芝将毕生精力投入基督教的传播。杨芝被基督教会派到葛布人中（寻甸彝族区）去传教，他撇下自己的妻子、儿女和家业，步行 12 天，去服务这些人。杨芝这一去就是 20 余年。1945 年杨芝回到彝良，在境内咪吽沟、幺店子等处继续传教、教书。杨芝出身贫苦，易于接受进步思想，爱国爱教，在少数民族中享有很高的威望。杨芝多年来一直收集苗族史诗，并擅长史诗的吟诵和演唱，他吟诵和演唱的史诗曾由贵州、云南等地有关单位制作成唱片作为资料保存，遗憾的是大部分在“文革”中遭破坏遗失，仅少部分保存在国家民族事务委员会、贵州省民族研究会。云南德宏州民族出版社曾将这些史诗翻译整理为《苗族古歌》出版。

当“昭通作家群”横空出世，作为该群体的一部分彝良作家已开始形成新的群体。中国作家协会会员、诗人陈衍强作为彝良作家中的代表，是写诗最早和成绩最突出的。他生于农村，写乡村诗更是他的强项。他为诗坛贡献了《农村现状》《打工妹回乡》《再写母亲》《向狗致敬》《母亲的微信》等大量原生态的、接地气的诗。他的口语诗，在诗坛独树一帜。他从1984年在《青春》发表处女作以来，也在《人民文学》《诗刊》《大家》《中国作家》《诗选刊》《人民日报》《青年文学》等多家报刊发表过作品，有的诗被译成英、日、韩等文字在国外发表，出版诗集《英雄美人》《乡村书》《花房姑娘》，是20世纪80年代就开始写口语诗的先锋诗人。他试图从正在发生的生活现场中寻求现代诗的某种顽强特征，以供飞速的时代与仓促的人类仍然可以指认：存在、人性、诗意。无疑，他做到了，正如诗人刘川说的：“陈衍强已成为当代不可或缺、不可替代的具有中国人文特质的诗人。”他的诗总是带有家乡情结，很多人就是通过他的诗知道彝良、认识彝良、了解彝良、向往彝良的。诗人海男说：“彝良因为有陈衍强，就有了诗歌的万千山水，多少年来，虽然相隔着无限距离，我的心却经常在诗人的故乡行走。陈衍强是我喜欢的诗人，他的诗歌就像那片神奇的神祇，质朴而流动着时间和现实的关系。要了解美丽的彝良，只需读衍强的诗歌。”

值得一提的是，诗人陈衍强自2017年12月至2018年5月选编并用微信公众号推送“彝良诗界杯”，成为文化彝良的品牌和符号。他以一个专业选编者的眼光对七零八落、四处飘

散的诗人和诗歌进行梳理、打捞、冶炼，在瞄准当下彝良诗人创作的新作时，也筛选过去的一些诗歌经典，尽量呈现彝良诗歌的全景全貌。“诗界杯”从第1场至第100场，共选编和推送了174名彝良籍诗人的1169首诗歌。无论对彝良诗人和诗歌，都是大数据，被称为是对彝良诗人搞的一次“人口普查”和“抽样调查”，打造了“彝良诗人群”和助推了“彝良诗歌现象”。通过“诗界杯”发现了彝良最优秀的女诗人魏定会，读魏定会的诗，不会厌倦和反胃，只能读出超凡脱俗的心灵和声音。现在，就算没见过魏定会的人，只要读过她的诗，特别是读她一些好玩的口语诗，都能感觉她是有才又有趣的女人、诗人。因为她聪慧，所以诗写得机巧而灵动。她冷静、固执、自信。魏定会的诗已修炼到一定

市县“百场演出进百乡”

彝良籍书法家徐洪刚与作家莫言

的火候，她的诗作其实是“化神奇为腐朽，取糟粕弃精华”，作品散见《诗选刊》《诗潮》等。钟鸣镇钟鸣村的罗官员，凭口语诗《发誓》登上新世纪诗典，诗人伊沙称他为中国最优秀的三个农民诗人之一。正是他们，组成了彝良文坛一道奇异的风景。在新诗典的诗歌朗诵会上，罗官员朗诵的诗歌《母亲骂我》被主持人伊沙直接购买入选新诗典，并进入前十名，后进入五强，最终获得季军。罗官员至今已在《诗选刊》《马兰花》（纽约）及《新世纪诗报》发表诗歌，有作品被译成英、韩文并收入《2016 自便诗年选》。

彝良籍校园作家龙美光，出版了《文脉书香》等专著，县政府曾用 2 万元对他重奖。此举引起媒体的广泛关注，《云南日报》《春城晚报》《都市时报》都做了报道。龙美光还主编并出版了《战将罗占云》。作为多家人文网站主持人，龙美光致力于罗炳辉研究，以写随笔、淘故纸片为乐，视野触及西南联大和古旧书文化。徐洪刚二十多年来潜心研习书法和写作，出版了多部书法作品、诗集和散文集，并在军内外报纸杂志发表各类作品 600 余件，系中国作家协会会员、河南书法家协会会员、铁军书画院院长，是一名军旅英模中的书法家、作家和诗人。彝良籍诗人管庆云在学校读书时写的诗就上了《人民文学》，是彝良第一个上国刊《人民文学》的诗人。青年作家叶听雨是多家文学网站的签约作

家，出版了长篇小说《脸谱》，并获得由中国作家协会推荐，中国作家出版集团和中文在线主办的“网络文学十年盘点”十佳优秀作品、人气作品百强奖。彝良本土作家李发强，发表小说、散文六十余万字，诗歌近两百首，出版小说集《一路往北》，有作品获中国煤矿文学乌金奖等奖项，系云南省作家协会会员。现任金圣融资担保公司董事长的彝良籍作家谢石相，在《诗刊》《大家》《边疆文学》等刊物发表诗歌，并出资与《边疆文学》举办在全国都有影响的“金圣担保·边疆文学奖”。在校读书的彝良籍学生安闯，参加了《人民文学》“新浪潮”诗会，作品在《诗刊》等刊物发表并有诗入选《2013 年中国诗歌排行榜》。出生在彝良大山深处的陈田平，自幼家贫，后游走远方，不仅成为房地产营销商，还成为一名作家，已出版长篇小说《原色》。在校学生柳燕，曾荣获包商杯全国大学生征文奖、野草文学奖，已在《长征文艺》《草堂》等刊物

彝良诗界杯百场庆典

发表诗歌。杨明的散文集《小草坝红叶》，花费三年心血，足迹遍布彝良的山山水水、村村寨寨，于人们司空见惯处写出不同凡响的美文。他笔下别具一格的山水风光、风土人情，将彝良深藏闺中的人间仙境、民风民俗推向大众视野，尤其对大美小草坝的推介，可谓尽心竭力、倾尽真情。《小草坝红叶》作为彝良本土作家描写家乡的第一本散文集，受到桑梓父老及县外读者的喜爱。杨明与钟寿均编撰的《彝良县第一中学校史》，填补了一中无校史的空白，是我县第一部校史。杨升华的《军事家罗炳辉》、《罗炳辉将军传》（合著）、《罗炳辉的故事》（合著）、《革命先驱刘平楷》、《刘平楷传》（合著）、《乌蒙回旋战》，真实地再现了彝良人的骄傲，罗炳辉、刘平楷的伟岸形象，讲述了彝良人耳熟能详的经典战例——“三进三出奎香”的乌蒙回旋战。赵远禄的诗集《怡箐谷杂吟》，真切表达了对家乡山山水水的挚爱之情。周朝云的《乌蒙烟云》《铁血川滇黔》《镇彝威地下党支部》，将云遮雾绕的历史风云，揭去朦胧面纱，让人们恍然大悟、受益匪浅。白恒久的《百衲集》，摹写了魂牵梦萦的家乡爱、桑梓情，及人生感悟。《墨海寻趣》则将几十年不舍须臾的书法训练之甘苦诉诸笔端，将书法渊源、传承、理论、修为、创新艺术娓娓道来，乐此不疲。宋正海的《龙安掠影》，娓叙了龙安山水风物的前世今生，再现了龙安的旖旎画卷，还原了火烧坝的过往逸事。出生于彝良县城的林涛，在省委组织部工作期间，笔耕不辍，是最先加入云南省作家协会的彝良人，已出版诗集《涛声依旧》。李珊梅的诗歌、摄影作品散见于中国作家网、诗刊网、人民网、光明网等网站和刊物，她创作的《天麻之父》等多部微电影剧本拍摄后获国际奖项，其中《今生我在小草坝等你》荣获第二届“中国梦·青年影像盛典”剧情类一等奖、《闪亮的青春》荣获金鸡百花电影节优秀作品奖。

彝良作家、诗人在老作家钟文惠、李厚昌、林涛、蔡贵华、陈孝周、张天鹏、阎香堂、赵远禄、杨升华、周朝云、宋正海等的引领下，先后还冒出了黄俊聪、罗久华、苟占东、黄训鲨、刘少斌、梅征祥、迟焕毅、汤朝阳、杨大林、潘群、余顺江、彭家念、徐华灿、周香均、桐龄、王静、谭玉穗、吴长江、张朝旭、王雅、柳燕、张德敏、王开平、周颂云、陶绍烈、郭银江、铁盛春、罗月萍、肖勇、彭洪、石兴红、杨笑、杨虎明、王顺燕等新人。

在书法界，有丁焜浩这样的书法大家。字亮卿、号清心楼主的丁焜浩，1928年3月生于彝良县城。工楷、行、草，书法自然俊秀、稳健潇洒。作品曾入选省内外多种书法联展并获奖，发表于多种报刊。出版了《楷行对照规范化钢笔字帖》等。其艺术事迹已被收入《中国当代书法家辞典》，为黑龙江省书法家协会会员，哈尔滨市级机关书画协会副主席，哈尔滨市地方志办公室督导员、编辑。

在音乐界，彝良人廖仕伟是音乐圈跨界经历最丰富并常年致力于公益事业的一个传奇。他1985年开始系统学习古典吉他演奏，20世纪90年代初在中央音乐学院进修作曲，其间兼任北京31、33中音乐

❶ 彝良籍音乐人廖仕伟在音乐杂志封面

❷ 彝良籍影视演员卢芳和丈夫胡军及其子女

指导老师。1997 年录制自己的第一张个人专辑《前世今生》，是电声乐手里第一个和交响乐团合作的吉他手。2000 年，他被《北京晚报》等多家媒体评为当今最好的中国吉他手之一。2002 年，他荣登中国摇滚第一刊《通俗歌曲》杂志封面人物。2003 年，他应邀赴法国等十余个欧洲国家音乐院校进行学术交流。2015 年，他受共青团中央邀请，改编并制作了摇滚群星红歌新唱摇滚版《黄河》，是国内摇滚乐队第一次正式和政府合作并推出的爱国作品。2016 年，廖仕伟任北京音乐家协会摇滚音乐协会常务副会长，同年 12 月任上海大舞台《摇滚三十年》巡演总导演。2016 年，他任新版《十送红军》制作人。他现在是中国音乐家协会吉他学会大型活动部主任、全国网络吉他大赛组委会秘书长。彝良角奎的

1

2

彝良籍诗人谢石相与诗人北岛

尚迪，毕业于上海音乐学院，创办深圳市尚迪钢琴艺术中心，其创立的新型“钢琴整合教学法”，造就出连续10年在法国、德国、韩国、新加坡、美国等一个又一个国内国际大奖冠军，培养的学生28人被全球十大音乐学院录取为公费生，培养出8位钢琴家。

在体坛，彝良县城出了一名职业拳手，他叫李文扬，从WBC亚洲冠军到UBO世界冠军，修改了泰拳的荣誉，成为中国有史以来的第一个男性职业拳击世界冠军。彝良不仅出英雄，还出美女，1993年昭通首届选美，夺冠的是生于彝良县城的邓红梅。2007年在“世博杯”云南旅游形象大使选拔赛中晋级20强的佳丽，是生于彝良乡村的王国敏。影视明星胡军的妻子卢芳，也是彝良县龙安镇后山村的彝家女。卢芳在文艺舞台上塑造了多个性格迥异的形象，《茶馆》中的小丁宝、《赵氏孤儿》中的公主、《白鹿原》中的白灵、《家》中的瑞珏、《推销员之死》中的琳达等。此外，她还参演过电影《金沙水拍》、电视剧《惊天大劫案》等。

云朵下的大黑山

ZHAOTONG

素有“彝良的西伯利亚”之称的树林，东靠贵州赫章，居住着汉、彝、苗、回等民族。它的高山平原，具有美国西部地带的粗犷，又兼含托尔斯泰笔下俄罗斯风光的雄浑。

在彝良磅礴的群山中，有一座大黑山，海拔 2689 米，当它把影子投向大地，再高大的人也显得渺小。

大黑山在彝良县树林乡境内，登上主峰，可以看到东方红、太阳升。树林的一座古庙，因为 1936 年贺龙在那里指挥红二、六军团进行著名的“乌蒙回旋战”而成为红色景点。红军长征，只有把大黑山的曲折道路加起来，才能计算出二万五千里的长短。素有“彝良的西伯利亚”之称的树林，东靠贵州赫章，居住着汉、彝、苗、回等民族。它的高山平原，具有美国西部地带的粗犷，又兼含托尔斯泰笔下俄罗斯风光的雄浑。天清气朗，登高远眺，阡陌河流，一望无际；杜鹃林带，油菜花、洋芋花、荞花、山茶依时而开，争芳斗艳；千顷沃野，万亩草场，满目苍翠。山上山下，埋藏或裸露着无烟煤、铁矿，平均品位 95.88% 的石英砂，储量大到精确的数字都难确定，可以说上亿吨。

乌蒙山抱着大黑山，杜鹃花烧红南高原。树林的杜鹃花，红如满天朝霞，黄似万束阳光，白如片片云朵，紫似半空夕

阳。像杜鹃花一样俏的牧女，把牛羊猪赶上山坡，她们就钻入花海，使人分不清哪是山花，哪是人面。

“天苍苍，野茫茫，风吹草低见牛羊。”进入树林牧区，置身茫茫原野的万亩草场，那狂奔的骏马，忽隐忽现的牛羊，总让人想起这千古佳句。这里有 4 万亩草场，每到夏天，就展开一幅“蓝蓝的天上白云飘，白云下面马儿跑”的动人画卷。

走进树林山寨，筑起篱笆的农家小院，掩映在三五株果树之中。织布声、捶麻声和校园的读书声，使人感到古朴幽静的山寨，充满着生机与活力、爱情与希望。那些弯弯山道，时而飘上蓝天，时而泻下深涧。

大黑山云海

多少年来，彝族、苗族顽强地生活在山地上，坚持着他们对生活和命运的独特理解。他们是优秀的猎手，只要有用牛筋制成的硬弩，就可以张弓搭箭，射中百步之外的野兔。热情好客的山寨人，待客的“罐罐茶”很独特，用砂陶茶罐烧烫后再放一把茶叶，边摇边烤，直到茶叶变黄变脆，才将沸水倒入，待茶沫沸沸扬扬溢出罐口，再去掉浮渣，倒进茶碗。这种山寨的“茶文化”，茶叶让滚烫的水翻译出来的少数民族语言，浓香如汹涌的感情可以把客人湮没。洋芋是树林的主产，年产1000多万公斤。每到一个山寨，都可以品味到被称为“吹灰糕点”和“剥皮馒头”的烧洋芋。

纯朴的山寨人还请客人大块吃肉、大碗喝酒。那大块肉，

大黑山云海

有巴掌大，炒得油光透亮。那大碗酒，一人一口转着走，中间不准停留，谁停就罚谁多喝。喝到高兴处，彝家还会触景生情，即兴唱起情真意切的《酒礼歌》，举碗祝你平安，劝你像武松一样痛饮。如是在苗家，酒过三巡，老人还会唱起古老的《叙事歌》，给你讲他们那个民族开天辟地、迁徙、成亲的悲壮和美丽动人的传说。

在苗族的“花山节”，那些苗家小伙彪悍骁勇的赛马、射弩和杂技芦笙，让人叹为观止。姑娘和小伙的情歌对唱，会让尹相杰和于文华大吃一惊。苗族的服饰，不仅是艺术，而且有远古的传奇。那漂亮披肩的大花格子是“瓦”，那蜡染的百褶裙上的一道道蓝线是“长江”和“黄河”。种地要用火，吃饭也要用火，彝族的“火把节”与人类的生存有关。彝族对火的感激与崇拜，使人类回到童年时代。彝族和回族的服饰同样是精美的艺术，特别是回族妇女的花围腰，是一针一线挑绣的杰作，还带有十字交叉的几何图案。

居住在大黑山下的彝族人，是乌蒙山区最古老的世居民族。数千年来，辛勤地开发和耕耘着祖国西南这片富饶而神奇的土地，传承和发扬着优秀的民族文化遗产。彝族是一个崇尚火的民族，代代传承着祖国大西南民族优秀的历史文化，至今

斗羊

还在固守着古老的民族节日“火把节”，被称为火的民族，激情奔放之民族。

每年农历六月二十四，彝人都要大摆宴席，祭奠天地神祇，跳舞唱歌，赛马斗牛，摔跤赛跑，荡秋千，展示传统服装。入夜，山区彝寨到处都要点起火把、燃起篝火，在田野间穿行，满寨子游走，相互祝福，再聚到一处，唱歌跳舞，狂欢达旦。所以，六月二十四被称为“火把之夜”“狂欢之夜”，被称为“东方狂欢节”“民族激情燃烧的时光”。

彝族太阳历是根据“鲁素”五生十成图，以老阴老阳为主体的先天八卦，相生相合的统一规律，九大黄星轮流值日，六气变通三，三生人道的三六九为数理而拟定的天文历法。在彝族地区使用了数千年，是一套优秀、科学、实用的历法，彝族年也随之诞生，是一年终结、新年开始的象征。

彝族年历以北极星为主体，以人为准则，以天罡定年，以甲干定年，以五行定季。故一年为十个月（天干），三百六十天（天罡），一月三十六天（天罡），余有阴年五日、阳年六日为年节，不记入月数，昼夜十二时，一旬十二天，三旬为一月，一年分五季，一季两个月，十八天为一个节气，全年二十个节气。十月年以建设寅为人统，顺推至戌为九个月，再根据一分为三、合三为一、六旬中空的理论将亥子丑退位归并为10月，凑为中央之数，为绕太阳公转一周之数，正好为一周年；气候、季节周而复始，所以定为年节。

彝良彝家人过年，一般是从农历九月三十或十月初一开始，彝语称“课谢”，是新年的意思。农历九月三十这一日

要杀猪、宰羊，到山上砍三棵青枝树，俗称羊耳朵姜子，再砍两棵竹子，扎成捆，当作扫把刷屋扫烟尘。灰尘放在一个旧甑底上，加三个红辣椒放在岔路口，以示除旧迎新。吃过午饭，砍来马桑树和松树，同时要挖两棵连根小松，回来后在门前选好位置栽下，彝人称之为“妥体”，意为祖宗的拴马树。然后把砍来的马桑枝削白，才来换神龛小屋，用马桑做梁，松枝插于两头，理好后，点上松明或灯，等天黑尽，百鸟闭口，用烧红的石头淋水，名叫“打醋坛”，用来洁净房屋，然后供饭、肉各三碗，敬酒三角、茶三盅，皆要用“醋坛”洁净。然后，整整齐齐地摆放在神龛前。祭奠完毕，再供灶神，还要泼水饭，让那些没有归宿的孤魂野鬼也有年过。接着是喂狗，这可是不可忽略的礼仪。彝家人传说，狗是人类最好的朋友，粮食籽种都是狗从天上带到人间的，所以要让狗先过年。喂狗的饭要盖三点豆腐、三片肉，碗要满，喂完狗才能吃年饭。彝家过传统年时，不能像平常一样上桌吃饭，要在屋里撒上松毛，簸箕摆在堂屋中，

❶ 彝族唢呐演奏

❷ 苗族芦笙舞

撒好松毛，用大碗盛菜摆在簸箕中，一定要凑足十大碗，摆法是九碗摆成圆，一碗放中间，周围垫上荞麦草，席地而坐，同吃年饭。吃罢年饭，守夜歇息，睡觉男丁不能睡床上，说是要招待祖先，家主则要准备供饭，准备封条封仓、封磨、封碓，把该封的都封好，待六天年节满后，择吉日启封。

年初一要抢新水，看谁抢得新年的第一桶新水。早上要换上新衣，领着儿子，带上祭祀品，到祖灵置放地，彝族称“邛

恒”去祭祖。之后，才能回家吃新年的第一餐饭，彝族称“洼烘打偷”，吃饭时不能啃骨头和泡汤，怕走路碰到石头和外出淋大雨。彝人过年很热闹，吃过午饭，大家聚在一起，青年人荡秋千、转磨秋、打陀螺、捡石子、打鸡毛键、翻毛蛋、摔跤，不一而足；晚上请艺人跳彝人古傩戏“撮泰吉”或“毕肃那”，讲彝家古老的传说，整个年节充满欢乐、充满节庆。彝族年节总共要过 6 天，因为按彝人太阳历算，一年是 10 个月，一月 36 天，一年 360 天，余有阴年 5 日、阳年 6 日，作为年节，不记入月数。这就是中国现存最早的科学文献之一，也是中国现存最早的一部汉族农事历书，《夏小正》中的历算，中有十之一至十之六的余数。彝家人传说：第一天过天年，敬天；第二天过地年，敬地；第三天过日年，敬太阳；第四天过月年；敬月亮；第五天过星年（天上一颗星地上一个人），敬天星，阳年加一天过云年，敬云神（也有称为天、地、年、月、时、日的）。这是古老的夏历在乌蒙山深处的遗存。

大黑山呈东北至西南走向，山货药材丰富，从木漆到泡参，从蜂蜜到天麻，从半夏到野百合，一切都是新鲜生动的，包括大黑山下的那棵有一千岁的被称为“盘龙树”的油杉，在《彝良县志》的封面，我们还能看到它交错盘节的树枝。在树林街头，除了大米、鸡蛋、萝卜、羊皮、洋芋、粉条外，还会碰到意想不到的山货，甚至花 10 块钱就能买到一只燕窝。大黑山由于海拔高，因而气温低、云雾多。冬天虽有“西伯利亚”的寒流，但夏天却是“香格里拉”的春色。

今天，大黑山不再遥远。这个过去刀耕火种的民族只有猎人和织女，在新世纪已有司机、建筑老板，大学生、打工妹、个体批发商。他们往昔的神话不仅仅是神话，一切都正在他们手上创造着、开拓着，那是老鹰的翅膀掠过的山峰。

❶ 树林石林

❷ 彝良荞山花山节

起舞欢歌醉山寨

ZHAOTONG

彝良县世居少数民族有苗、彝、回、水等民族，人口较多的民族是苗族和彝族；苗族主要分为滇东北次方言区和川滇黔方言区（俗称大花苗和白苗）两个支系，大花苗主要分布于洛泽河流域各乡镇，白苗主要分布于白水江流域乡镇，两个支系在语言、服饰、礼仪、习俗等方面有一定的差别，可说大同小异。

到彝良的苗寨做客，不喝苗家羊角酒，枉费来到彝良走。喝了三角拦路酒，苗家咪彩牵你手。

彝良滇东北次方言区的苗族，是一个服饰五彩缤纷，形象凄楚动人，记忆朦胧灰色，人生命途多舛，历史总在路上且用脚步与古歌写成的民族。

苗族同胞如何好客热情是无法用文字和语言形容的，最好就是来彝良苗寨“走亲串戚”。“拦路酒”其实不是为了拦路，也不是你想喝就能喝的。想喝“拦路酒”还必须是逢苗寨迎亲嫁娶或有重要的庆祝活动。为迎八方宾朋，苗家人会在寨门或去主人家的路口临时设一道花杆拦路，进寨路两边站满穿着苗族花衣服的青年男女，唱着敬酒歌，伴随着宾客的到来，花杆会被持杆人升起至腰处拦住来者，敬酒者双手握着装满苗家酒的羊角或牛角，在敬酒歌声中左三圈右三圈后把酒从杆下递向宾客。这个时候来宾也要弯腰俯身接住羊角酒，管你喜欢不喜欢也要喝。按照苗家习俗，能喝完一羊角酒是对主人的敬重，如果能喝完一羊角，你便可以将羊角从头顶上丢掉，让主人家去找回来，表示对主人家的热情，也展示了自

己的酒量。如果你能连续喝上三羊角，你会在瞬间被升华为全寨的朋友，也会受到在场的人的欢呼声和掌声。

“拦路酒”是“迎客酒”。但不管是用怎样的词语来形容，都只是为了表达苗家人对远方宾客敞开热情的胸怀。喝了苗家的“拦路酒”就能进入苗寨了，这是了解苗家文化的“敲门砖”，也是一种礼俗上的尊重。

当然，羊角酒只是苗家人的文化之一，它只是对宾客的相敬之媒介。能歌善舞才是苗家人的看家本领。老人们会在喝得晕晕的时候一只手撑着下巴，哼出悠长悠长的古歌。年轻人在山上放牛的时候也会对唱类似的歌，他们唱出来的节奏是欢快的，听上去没有老人唱得那样忧伤。

苗族先祖们留下了不少极具历史价值的古歌，使我们还能从一声声低沉苍凉的古歌中，朦朦胧胧地看到先祖们千百年来始终在迁徙路上悲怆的情景。先祖们所留下的这些古歌从某种

程度上影响了我们的思维方式和生活方式，也在不知不觉中形成集体无意识，不声不响地沉淀到了灵魂和血液的深处。有了古歌，苗族文化的魂魄才真正归位，苗族子孙们的血脉才能与先祖们相通相惜，才能让后辈们更清晰地知道：“我是谁？从何而来？情归何处？”

现在的苗家子孙辈里，他们用欢快的或悲伤的节奏来吟唱和记录一路的辛酸苦辣和一路的爱恨情仇，展示了不同历史潮流中苗族儿女的生活姿态。很多关于苗族爱情的歌曲如同一首首流淌的诗歌一样，弥漫在乌蒙深山的苗寨里，浸润着一代又一代苗家儿女。他们深深的忧伤和浅浅的悲悯和苗歌是分不开的，苗族儿女们正如同山里的映山红一样朵朵盛开在彝良这片多情的土地上。

苗族芦笙源于躲避战争而被发明。先不论这是不是经过有力佐证后的结果，然而这个古老的乐器肯定积满了苗族人辛酸的印记。现在，只要看到老人们跳起《阿作》芦笙舞，尽管他们的舞姿和步态是那样的笨拙，然而这笨拙的舞姿里却悠悠地抒写着那一段传说般的逃亡迁徙历史。

苗族迎客拦路酒

每每听苗族老人说起那段遥远的迁徙岁月，我们只能凭借一些支离破碎的话语，在脑海里去勾勒先祖们溃败后被追剿的画面。说是迁徙，实则是战败后一路逃亡和躲避。逝去的历史更需要被铭记，我们子孙后代只能想象他们的饥寒交迫、他们的步履蹒跚。尽管劳累不堪，先祖们在逃亡途中休息的时候，也不忘把随身携带的芦笙拿出来吹，这样可以缓减疲劳，也可以警醒逃亡中一颗颗疲惫的心，让他们谨记血泪的痛。由于长时间的奔劳跋涉，脚也走跛了，所以吹芦笙的时候总是弯着腰，唱调子的时候手也总是扶着腮帮。在逃亡的途中，敌人在半路插上稻草人吓苗家人，他们看见稻草人会误以为是敌人，因此他们在吹芦笙的时候会时进时退、时蹲时起，也表现了逃亡途中的恐惧和谨慎。

大花苗从长江流域逃到贵州以后，相当长一段时间里陷入死一般的沉寂中，无论是歌还是舞，几乎被灾难湮没，连神圣

苗女穿衣比赛

的祭祀都免了。古老的传说和部族战争的灾难，只能悄悄地言说，在大部分人中已被遗忘，恐惧占据了人们的全部思想。尽管民族发展有了生机，但部族战争的创伤烙印总是深深地留在人们的思想中，用语言是不能表达的，于是便用祭祀道具——芦笙来叙述和描绘这场世事难忘的惨祸。

“阿作”其中的一整套动作和一整套配调，都和战争迁徙有很大的关联。确切地说，“阿作”芦笙舞是一部记叙历史事变的史诗。它的曲重于舞，它的舞曲表现了一个跨度很大的历史时期内花苗所遭到的变故。表现了他们英勇战斗的场面以及败后百姓溃逃、迁徙中对故园的留念。路途上遇到的险阻和战胜困难的决心，也表现了他们盼望有朝一日雄鸡高唱、红日东升，过上幸福生活的夙愿。实际上也是社会的产物。

“阿作”舞以舞曲为主，动作不过是增加人们聆听芦笙的情趣。老人们常说“过去看阿作”，实际是去听，而不是看，观众常听“阿作”，听得泪流满面。跟在后面的歌手，常常声泪俱下、泣不成声，在周围聆听的妇女，常把煮熟的鸡蛋从自己的腰带中取出，当众递给芦笙吹得最好的无名笙手。

在三段正曲前加进两段不分节的序曲，共组成五段。第一段：嘶鸣；第二段：练兵；第三段：进攻；第四段：再进攻；第五段：胜利。整个舞曲表现了一个反复厮杀的壮烈场面，因而得名。舞曲动作以垫步、弹腿、蹬跳为动律，反复表现。表演形式是广场集体性的。吹芦笙舞时人员不限，舞蹈队后面歌者的人数不限，由于芦笙舞局限于芦笙这个特殊道具，芦笙演奏者只能是男性，但歌者则不分男女老少，三十、五十人充当歌手均可。

阿作芦笙舞是大花苗现在的主要舞蹈，也是芦笙舞的综合性舞蹈。“阿作”是芦笙舞的一种形式，它包括了“跨竿”“踩堂”“敬酒”等套舞。其有两层含义：一是“聚成帮”“做一路”，二是叙述完整的一件事。

关于“阿作”的三种说法：一是斗争取得某种胜利的祝贺，二是战斗的号角，三是团结的象征。以上传说都是人们表示“力”的特殊方法，是团结的象征。

“阿作”芦笙舞曲分九首，每首三段，每段三节，其中以“壮烈战争”最为有名。这一首曲子的意思就是“交战”“绞杀”。是一首直接反应战争场面的笙曲，它在整个舞曲中占有特殊的地位。

后来，为了纪念苗家世代居住的故地，他们把城垛绣在衣服上，田地绣在裙子上，黄河绣在裹腿布上，苞谷绾在头发上，葫芦笙揣在身上。

正是：乌蒙深山客来时，苗家寨子笙歌起。花山节上跳花山，八方宾客普同庆。

彝良是滇东北乌蒙山区的一个民族杂居县，彝族是居住于此最古老的民族之一，据历史记载彝良古属梁州，在二十八星宿分野中为参宿、井宿分野。秦汉时曾属夜郎古国，后归南中爨氏节制。唐宋时为前乌蛮三十七部之一，在东部乌蛮七部中属芒布部。清初改土归流，置夷良州同，清末民国初置县，彝良县世居少数民族有苗、彝、回、水等民族，人口较多的民族是苗族和彝族。苗族主要分为滇东北次方言区和川滇黔方言区（俗称大花苗和白苗）两个支系，大花苗主要分布于洛泽河流域各乡镇，白苗主要分布于白水江流域乡镇，两个支系在语言、服饰、礼仪、习俗等方面有一定的差别，可说大同小异。

苗语属于汉藏语系苗瑶语族苗语支。居住在彝良的苗族为苗族三大方言中的西部方言，滇东北次方言和川滇黔方言同为西部方言七个次方言中的两个方言，其特点是语言词汇丰富，语调较长，表达人物、事物、景象生动形象。部分苗语如直译在汉语中为倒装句式，如“猪脑壳”，直译为“脑壳猪”，“红布、白布”，译为“布红、布白”，称谓上苗语把女性排在前面，男性排在后面，如汉语“夫妻”在苗语中直译是“妻夫”。境内苗族由于长期与汉、彝等民族杂居，所以在苗语中夹杂着大量的彝语和汉语借词，在人名、地名现代科学术语方面多将读音直接移植在语言之中，苗语在彝良苗族地区普遍使用，彝良苗族是语言保留传承最好的民族。

境内苗族服饰有几个特点：1.蜡染，主要用于女裙图案线条的描绘。2.刺绣，滇东北次方言区的苗族特别注重毛线的使用，川滇黔方言区的苗族特

别注重丝线的使用。3. 无论哪个方言支系都有大量本民族历史的绘画图案。4. 女装，根据婚姻状况有显著区别。5. 服饰是支系的重要标志，主要以女装变化为主。男子多着白麻布对襟长衫，女子多着白麻布黑袖短衣，系配蜡染百褶裙，未婚女头上绾发髻，已婚妇女则将头发盘于头顶。1989 年 9 月，在第二届中国艺术节期间，由文化部民族文化司与云南省文化厅共同筹办

苗族花山节

的全国55个少数民族穿戴艺术表演中，有6套是由彝良选送的苗族花衣。1992年2月，第三届中国艺术节在昆明开幕，彝良苗族组成的50名苗族芦笙方队闪亮登场。

中华人民共和国成立前苗族多住杈杈房。中华人民共和国成立后有了改变，现多为瓦房和平房，居住条件大大改善。

苗族传统节日有春节、花山节；春节称为过年，川滇黔方言区苗族民国以前按秦历十月初一过年，民国后仿汉族腊月三十过年，称为“客家年”。滇东北方言的苗族过年与汉族相同，只是不烧香、不烧纸，有祭祖、抢新水等习俗。花山节，有五月端午花山节和七月半花山节两种。

苗族婚姻为一夫一妻制，一般是自由恋爱、婚姻自主，婚姻礼仪因地区而异。一般礼俗有恋爱、提亲、贺亲、定亲、接亲、回门等。丧葬，苗族实行棺木土葬，民国前多横葬，人死速葬，不择日期，全寨共用一片坟地，有指路、守灵、祭奠等习俗。禁忌主要有未成年女子不准上楼、不准跨火塘，产妇不满月不能串门等。

彝族是乌蒙山区最古老的少

数民族之一，彝族有本民族文字，彝文在明、清文献中称之为“爨文”“爨字”或“韪书”，近代也称“倮文”“夷书”“毕摩文”等，是一种超方言的音节文字。彝文的创制起源年代尚无定论，汉文方志记述，有汉代起源说，也有唐代创制说。彝文字数，明、清文献称“字母一千八百四十”，经近代考古取得的成果认为彝文从符发展成字，应不低于 6000 年，包括异写字有近 4 万字，是世界六大古文字之一。唯其传承一直以手抄、木刻本为主，并各自结合当地的彝语方言发展，基本字少，变体较多，正规字仅 4000 余个，且各地使用的彝文在音、形、意方面都存在较大差异。通用范围不广。

彝语属汉藏语系藏缅语族彝语支。分为北部、东部、南部、东南部、西部、中部 6 个方言区。彝良彝民一部分讲乌撒土语中的威宁次土语，其余大部分彝民讲芒部土语。境内彝民大多使用汉语，少部分彝语、汉语同时使用。彝语支语言的主要特征之一是比较典型的韵母单元音化语言，大多数方言元音分松紧；声母多，韵母少；声母塞音、塞擦音、擦音分清浊，有的方言有鼻冠浊复辅音和清擦边音；一般有三个或四个声调，调值平直。基本语序为“主语—宾语—谓语”，名词，如“走路”，先说路，再施以动作走，“砍柴”，先说柴，再说砍，人称代词作定语时在中心词前，形容词、数量词做修饰语时在中心词后。量词丰富，部分动词的自动态和使动态用声母辅音清浊交替表示。

服饰，过去此地彝族服饰大同小异，然而，至明、清以来服饰款式发生了很大的变化。基本款式为大襟右衽长衫，下着长裤。女式长衫在托肩、领口、襟边、袖口等处沿有花边。

彝族服饰绚丽多彩，异彩纷呈。男女服饰通常为青、蓝色，大襟右衽长衫、长裤，缠黑色或白色头帕，多系布腰带，着绣花高钉鹞子鞋。男子服装多在长衫外套穿多口小褂（俗称白布褡褡），这种小褂有的是对襟短装，有的前短后长，多用白色布料做成，衣边多饰花纹；妇女服装领口、袖口、襟边，下摆及裤脚均饰彩色花纹组合图案，汉语俗称“反托肩大镶绲吊四柱”，头缠青帕做“人”字形，并戴勒子耳环、手镯、戒指等银饰，系白色绣花围腰，身后垂花飘带。

宅居，农村彝民村寨多分布在向阳坡地，村旁有茂密的树林，村后有牧场。用木条编织成波浪形篱笆，把寨与寨、户与户隔开或连接在一起。每户用木条编织篱笆围着菜园，防止外人及畜禽进入。农业合作化以后，篱笆消失。住房有土墙房、砂墙房、砖墙房。土墙用木夹板夯土筑成，砂墙用大小不等的石料筑成，砖墙用土砖或火烧砖筑成。屋顶多为双斜面，用野生滑竹、茅草、荞麦草覆盖。一幢房屋分三间，呈“凹”字形，中间为堂屋，做祭祀和打、晾谷物用，左右两间为耳房。楼用竹木条铺，堆放粮食等物。每间从中隔开，里间用作寝室，外间置火炉、火塘，供做饭、取暖、待客之用。高寒山区彝民至今仍少不了赖以生存的火塘、石磨。改革开放后，彝族民居有了很大改变，基本上与其他民族没有区别。

饮食，玉米、马铃薯、荞麦为多数彝民的主食，可做成饭、炒面、烧烤食、汤、饼等，肉食品主要有牛、羊、猪、鸡

肉，饮料主要有酒、茶。彝人相聚，不论在什么地点、什么场合，都要争相买酒，然后围成圈子，喝着转转酒，谈天说地，兴高采烈。

婚姻，彝族实行一夫一妻制。1950 年前，存在少数“纳妾”现象，一般婚姻由父母包办。通行姑表优先婚，姨表禁婚，彝姓相同不通婚。一般完婚要通过提亲、定亲、送礼、迎亲等程序，在迎亲时还要举行打押礼、唱酒礼等礼仪，现在已很少有人兴此礼节了。

丧葬，彝族明代前盛行火葬，明代以后改为土葬，程序与火葬相同，由斋场、转戛、跳脚三方面组成。现在一些地方还请毕摩做法事，如奎香后山等地，大部分丧葬与汉族基本相同。只是在抬棺途中汉族要丢买路钱，表明是“客人”，彝族则不用丢买路钱，表明是“主人”。

彝族传统节日有“清明节”“火把节”和“十月年”等。火把节是彝语支彝族和其他民族的共同节日，时间在农历六月二十四。每年这一天，彝族男女老少齐举火把游田边地角，寓意为烧死天虫、保护庄稼、夺得丰收。“十月年”，亦称彝族年。时间一般是农历九月三十，或十月初一，各地不统一。过年时，家家清扫庭院，张灯结彩，放马蹄炮（俗称地冲子），宰杀牲畜，迎宗祖灵魂入宅，家人下跪，奠酒，献牲。有的地方过年时，人们欢聚，听老人讲故事，缅怀祖先的丰功伟绩；有的地方在堂前屋后栽树，青年人在村寨场坝中或村边坡地上吹弹乐器，唱歌跳舞，进行斗牛、赛马、摔跤、荡秋千等活动。

禁忌，儿媳妇与公公、弟媳与夫兄不能坐一条板凳。妇女不能从生产工具上跨过，在屋内楼下有人不能上楼去走动；不能把女裤晾晒在有人经过之处。年岁小的，辈分小的不能在年长的、辈分大的人面前跷二郎腿和披衣，说不礼貌的话。青年人进村寨后不唱山歌、不说丑话。进入人户时不能跨立在门槛上。乌鸦立在屋脊上叫，鸟屎落在人身上，看见蛇交尾或进屋，狗爬房子后哭叫，马夜鸣，母鸡似公鸡叫，都认为是不吉之兆。必须采取相应措施禳解，使其逢凶化吉。

现在许多禁忌被视为迷信，已逐渐消除。

彝良处于中原蜀文化和西南夷文化的过渡地带，自唐蒙略通五尺道以来，因处于南方丝绸之路沿线，成了两大文化交流融合的前沿，历史的脚步留下多少如庄蹻入滇，诸葛亮南征和蛮，南诏雄立南中，三十七部会盟，吴三桂进云南，改土归流的遗迹。数千年历史的传承、交流，成就了这一地区各民族的传统文化，从其语言、服饰、歌舞、故事、礼俗等可见其历史与文化之一斑。

彝良属古南中地区，是司马迁笔下西南夷什数之一，对于这片被称为乌蒙深处之地，民衣皮毛、擀毡制革的习俗源远流长。在司马氏的《史记·西南夷列传》中就有记述，当然这与乌蒙山区皮毛资源丰富，但不产棉，或有些许说不清道不明的渊源，但有一点是可以肯定的：在西南彝族长期形成的社会形态中，手工业的主要分工形成了后来的一些彝族内部支系，如彝人中有以竹篾编制为业的支系，有以做铜、铁工艺为业的支系，蔡家人则主要以擀制毛制产品为主要职业，举族以此为业，代代相传，延续不断。

彝良地处乌蒙山区腹地，西汉司马迁称为西南夷，东汉、晋时称南中，唐、宋为两爨乌蛮，元明为芒部。古代的南中地区，沃野千里，牛羊遍地，汉、唐以来的史书中就有详细记载。元乌撒乌蒙道宣慰副使李京，集其见闻在《云南志略》中对这一地区的畜牧业和本地居民衣履及生产生活做了生动的描绘，说明了当时的本地羊毛产品的规模和制作精度已达到了一定的水平。《宋史·蛮夷传·西南诸夷》中有这样一段记载：“太宗召见其使……上因令作本国歌舞……其使十数辈，从者千余人，皆蓬发，面目黧黑，状如猿猱。使者衣虎皮毡裘，以虎尾插首为饰。”可见连当时出使京城的使者都着虎皮毡裘，贡献的贡品以名马、毡裘为主，可知其时的擀毡技艺已达到一定的水准，并已成为这一地区具有代表性的产业技艺。

擀毡技艺在乌蒙山流传了2000年，是人们生产生活中所必需的加工技艺，影响范围大，富有浓厚的历史和文化价值。

至于擀毡技艺的源头，至今还没人能说得清楚，只是在蔡家人中流传着苏武在大漠牧羊，一些脱落的羊毛被挂在野草和树枝上，苏武

苗族迎宾酒

将其收集起来塞在鞋里、放在衣服里取暖，抵御寒冷，遇绿荫秀才路过，对他说："千丝马尾连条线，水洒羊毛便成毡。"苏武照着绿荫秀才所说，将收集的羊毛洒上水后，用脚蹬紧，便成了成形的毡。以后，便一代代流传下来，作为蔡家男人没有一个不会擀毡的。所以蔡家人敬苏武，就像木匠敬鲁班一样。

彝良县蔡家人主要零散分布于树林、龙街、海子、奎香等乡镇，因其从业的主要原料为绵羊毛，所以都居住高山上养殖绵羊地区。传承主要以蔡家人为主，少数汉、彝、苗等民族也会擀毡，但基本只会擀垫毡和披毡。

蔡家人擀毡以绵羊毛为原料（绵羊毛按剪毛季节分为三月毛、六月毛、九月毛三季），六月毛最好，按季节将绵羊赶到溪水中洗净后，剪下羊毛便可擀制。擀制羊毛的工具有弓子、簾子、牛筋手套、擀棒、门板等，擀制前要将羊毛摆在阳光下晒疏松。然后将杂质去除，便可将羊毛放在簾子上，毡匠手执弓子将羊毛弹松，待羊

毛弹好后，便可铺羊毛。铺羊毛是根据需要，按厚薄、层数将弹好的羊毛铺放为所需形状，然后卷起簾子滚动踩紧，制成形。基本成形后，打开簾子，均匀地洒上适量的水，使其有一定黏度后用簾子裹紧，放在门板上用脚蹬紧。在蹬的同时，要适时洒水整形，搓出粗羊毛，而细羊毛毡成所需之形成毡，就可取出晾干。

蔡家人擀毡历史久远，在清乾隆年间编修的《镇雄州志》就有记载，附近州府的志书也有所记录，如《威宁州志》，《东川府志》都有关于蔡家人擀毛毡的记载，而且羊毛擀制品不是狭义的毛毡，应是广义的擀制品或称毛毡品。毡匠能擀制的东西很丰富，日常生活用的有毡衣、毡帽、毡袜、垫毡、盖毡、披毡、兜肚等。蔡家人有谚语说："毡衣毡帽，鞍褥被套，镰刀鞘鞘，弯刀套套。"都能擀制。而且在工艺上很注意每种产品容易磨破的地方，在加工时特别注意加工到位。有谚说："毡帽戴顶顶，披毡披衣领，垫毡垫中间，盖毡盖两边。"可见擀毡技艺因其历史久远，积累的技术精湛、经验丰富。

蔡家人擀毡技艺属历史上地方特色工艺，曾是一个区域手工加工业的重要组成部分，对地方生产生活、经济发展做出过重大贡献。当然，由于时代在不断发展，社会在不断前进，这一技艺在完成了其历史使命之后，已悄然退出了历史舞台。现在大黑山下，有部分人还在艰苦地固守着这一宝贵的遗产。

美食美刻烩彝良

ZHAOTONG

【在彝良，你不仅可以大饱眼福，你还可以大饱口福，天麻全席、桐子叶粑粑、火草粑、黄粑、豆腐干、水粉，一样都不能少。

在彝良，你不仅可以大饱眼福，你还可以大饱口福，天麻全席、桐子叶粑粑、火草粑、黄粑、豆腐干、水粉，一样都不能少。

俗话说，民以食为天。无论大时代中的人世变迁，还是平凡生活的悲欢交集，总有味觉作为见证。味觉记忆的强大，往往让人们十分迷恋故乡的食物，甚至被赋予“乡愁”这样的文学语汇，原来是那个让你的胃最为深爱的地方。小草坝天麻正成为人们“舌尖上的美食”。小草坝天麻的吃法很多，可以煮着吃、蒸着吃、凉拌吃、烧来吃，当然最讲究的吃法还是数天麻全席了。天麻全席色香味俱全，既好看又好吃，有十多个菜，吃全席就是吃一种文化、吃一种品位、吃一种雅兴，营养价值也是一流的。全席中最为著名的菜要数天麻气锅鸡了，相传 1972 年，美国总统尼克松访华，周恩来宴请尼克松夫妇，其中一道菜就是天麻气锅鸡。尼克松吃了大赞鲜美，还说真想连气锅一起吃下去。天麻气锅鸡的做法其实也很简单，就是选材很有讲究，用的气锅必须是陶土烧制而成的，天麻是小草坝品质最好的冬麻。首先将乌鸡宰杀，清洗干净，剁成块状，乌鸡块在开水中氽透，放入气锅内，加葱段、姜片、胡椒、陈酿、

盐，再把天麻切成片，有序地摆放在鸡块上面，上笼蒸熟后在天麻片上撒少许枸杞，天麻气锅鸡就大功告成了。尝一块鸡肉，喝一口鸡汤，鲜美酥到骨子里了。天麻全席的菜品毕竟做法要精细耗时得多，需提前预订，加之价格不菲，所以只有贵客来了才会相邀去品尝。天麻炖腊猪脚是老百姓的家常菜，冬天的时候只要你到小草坝、龙海、钟鸣、两河等产麻乡镇，招待你的一定是天麻炖腊猪脚。大家围坐在火炉旁大碗地喝着苞谷酒，大口地吃着野天麻，那种暖心的感觉就别提有多过瘾了。天麻炖腊猪脚的做法很是简单，把腊猪脚洗净切成小坨，先放在火上炖 30 分钟后，再把天麻切成几坨或者整个天麻放在腊猪脚里再炖 15 分钟，香喷喷、乐滋滋的天麻腊猪脚就出炉了。再配上一个煳辣子蘸水，吃一坨天麻，吃一坨腊猪脚，安逸得不得

牛街桐子叶粑粑

了。也只有在彝良才能吃到这么奢侈的天麻大餐。彝良人无论走多远，总走不出对天麻的依恋，不管身在何地，逢年过节都要吃天麻。说到这，想必你也垂涎欲滴了吧，那就不再一一枚举天麻大菜的做法了，欢迎到彝良来观风景、品天麻、聊人生。

再说桐子叶粑粑吧，这是最具彝良特色的小吃了，其他地方即便是有叫桐子叶粑粑的小吃，那从制作到材料，都和彝良的桐子叶粑粑有一定的区别。

桐子叶粑粑的做法说起来也不难，无非就是先把大米泡起，也可以加上糯米，泡上一天左右即可，然后磨成米浆并发酵。现在条件好了，方便了，打米浆一般都是用钢磨来打，记得以前那可是人工用石磨来推，所谓推，也就是用石磨来研磨。当然了，人工石磨推出来的肯定更好吃，不过现在基本上没有人愿意花那么大的力气了，连石磨都不好找了。磨出来发酵后的米浆可有讲究了，要干湿适中，太稀了，一会儿包粑粑的时候不容易成型；太干了，蒸熟的粑粑会很干涩。米浆打好了还要放糖，可以是红糖，也可以是白糖，把糖放进米浆搅拌均匀就可以开始包了。一般都是在桐子叶长得正茂盛的时候，把从山上摘来的桐子叶裹成三角形，将米浆舀在三角形中，无须用线来拴，直接放在蒸笼里就行了，只是放的时候要反着用粑粑压着叶口。包满一蒸笼就可以开始放在火上蒸了，不一会儿，阵阵清香飘出，便可以出锅了！桐子叶粑粑有油的和素的两种，所谓油的就是在米浆里加上猪油，味道更美更香！

走在牛街的街上，一阵阵清香味飘出，那多半就是桐子叶粑粑的清香味。走近小摊儿，嘿！眼前是绿绿的叶子，剥开是黄黄的粑粑，要是用的是白糖，那就是白白的粑粑，你是无法抵挡得住美味的诱惑的。一口咬下去，松软温润无比，糯米的香味和桐子叶的香味满口都是，口感好得没得说。吃了几个你肯定会说，老板，还有没有，我买一些带走！

如果说桐子叶粑粑使用的绿色植物只是一个包装的话，那么，火草粑那就绝对是更加严格意义上的绿色食品了，因为使用的原料就是来自山野的野菜——火草。火草学名叫鼠麴草，属于菊科植物，因为在清明节前后开花，所以又叫清明草。火草浑身长满白白的绒毛，据说可以将它捣碎，做成火绒，可以与火石、炭屑等配合着打火，是火柴出现之前的主要打火材料，所以就称之为火草。每当清明节快要到来的时候，山上的火草长成了，嫩黄的花蕊，肥嫩的叶子，汁叶饱满的茎，正是采摘来做火草粑的好时节。火草粑粑的做法也不复杂，清明时节火草开花的时候，到山间地头把火草花采摘回来，漂洗干净备用。一般是把糯米和大米按照一定的比例和在一起，加入火草一起蒸熟，然后加上白糖放入碓窝里不停地捶捣，这可是一个力气活儿。当舂得非常黏稠时，就可以开始做火草粑了。一般是捏成扁扁的圆形粑粑，刚做成的火草粑绵软清香、颇有韧性、清香四溢，十分好吃。保存起来冷了的火草粑要放在炉火上烤才

牛街火草粑

能吃，烤得金黄金黄的，外皮脆甜，里层细绵可口，更是别有一番风味。要是用铁锅加上点油把火草粑翻过来翻过去地慢慢烙到微黄再吃，则焦香四溢，再蘸上一些芝麻粉那就更加香甜可口啦。火草有一定的韧性，吃起来软绵绵、糯滋滋的，很有嚼头，加上火草特有的香味儿，真可谓是妙处难与君说！根据食客的不同要求，牛街人也与时俱进，开发出了一种有馅儿的火草粑，那就是在火草粑里面包入白糖酥麻等做包心，这样香味儿更浓、味道更好！冷了的火草粑吃的时候虽然要麻烦一些需要加热，可是这样也更容易保存。所以，前来彝良游览的人总喜欢买一些带给远方的亲朋，带去牛街的特色，带去对亲友的思念。

还有黄粑也是很诱人的。做黄粑的原料主要是酒米（也就是糯米）和饭米（也就是做饭用的大米）。首先是将酒米和饭米分别泡上两三天，直到泡胀，也就是泡得很软。泡好的饭米再用石磨来推，也就是研磨，磨成米浆。当然，现在一般使用钢磨来打了。然后把米浆和红糖和在一起。接下来有两种做法，一种做法是直接在竹制的蒸笼垫上一层纱布将米浆倒进去就可以蒸了。还有一种做法要麻烦一些，那就是用黄粑壳（一般是南竹或斑竹的笋壳），把米浆用黄粑壳包起来，包成一个一个的，用棕叶子系好，然后放在蒸笼里面蒸。蒸黄粑可是很讲究的，蒸黄粑得先把火生得旺旺的，一般而言蒸得时间越长越好，最好蒸两三天。黄粑蒸好了以后，黄灿灿的，看着特别诱人、特别想吃。人们不叫蒸黄粑，叫“焊”黄粑，意思就是蒸的时间比较长，需要不停地在铁锅里加水，需要时不时地重新添火加炭。这样“焊”出来的黄粑特别有黏性，特别好吃，色泽也特别好。吃的时候把一大块的黄粑切一小块，或者蒸热来吃，或者烤来吃，或者烙来吃，那味道真是没得说。包黄粑还可以加进一些泡好的没有研细的糯米，这样蒸出来亮晶晶的，更好看。关于“焊”黄粑还有一个传说呢，据说诸葛亮率兵平定孟获，火头军都已经把豆汁儿和米饭下锅了，可是部队紧急出发，当时天气炎热，为了使下锅的豆汁儿和米饭不至于馊，诸葛亮下令把下了锅的豆汁儿与米饭和在一起，放到大木甑内加火蒸。这样一蒸就是两天，蒸了两天的豆汁饭色泽黄润、味道甘甜香软，从此这种做法就传开了，直到演变成今天黄粑。

到过彝良的人都知道，彝良还有一种美食，那就是豆腐干，以制作工艺独特、味道独特而闻名远近，人们总会买一些豆腐干带回去做菜。做豆腐干，首先要选用籽粒饱满的黄豆，用温水泡一天左右的时间，然后就是用石磨将泡胀的黄豆磨成豆浆，这可是一件特别辛苦的活儿。不过，现在不用那么辛苦了，用钢磨就可以完成了。然后就是把豆浆倒入大铁锅煮沸，滤去豆渣，继续把剩下豆浆用文火煮着，然后用卤水点浆。最先出现的是嫩豆花，也就是豆腐脑。这样还不行，要再继续煮，让豆花老一些。当然太老了也不行，太老了不好压箱，也就是压箱时豆花不容易压成一体；太嫩了压箱的时候豆花就容易随着压出来的水流失，也不好，等把水压出来了，豆花也没得了。压箱之后，下一道工序是开箱，用刀将整块豆腐切成很多小的方形豆腐块。不过现在有机器了，将嫩豆花倒进箱中，水压干了，出来就是一块块长方形的豆腐块。下一道工序是把一块块豆腐用特有的牛街煤炭火慢慢烘烤，直到豆腐干两面呈金黄色且发出诱人的香味，那就算是大功告成了。

来到彝良，徜徉于街头，你会看到街边一排排的背篓，背篓上面是一个簸箕，簸箕里面就是一块块竖着放的豆腐干，看上去金黄金黄的，拿在手上嫩滑细腻。豆腐干吃起来很方便，着急的话，就这样买来马上就可以吃了。当然讲究一点的话，可以炸了来蘸辣椒面吃，也可以切细后拌上辣椒面、胡椒面、酱油、醋、盐、芫荽、葱花、姜丝、大蒜，做成凉拌的，还可以加上配菜炒来吃或者炒回锅肉。

牛街豆腐干

说到彝良美食，还有一绝不得不说，那就是水粉。首先来看水粉是怎么做成的，使用的原材料是红苕粉。在红苕粉中加入适量的明矾，澄清水，然后开始不断地用力搓揉红苕粉面团，直到面团黏性十足。再把红苕粉面团放入特制的漏瓢里，一只手拿着漏瓢，一只手拍打着红苕粉面团，让红苕粉从漏瓢的小漏洞中一根根地漏进铁锅沸腾的水中，一直煮到水粉

漂浮在水面，接着将成型的水粉捞起，旋即在冷水中浸泡，水粉就算是加工好了。加工水粉可要计算好数量，因为水粉不能过夜，隔了夜就“醒”了，所谓“醒”了就是变得起腻了，易断，味道也不行了。好的水粉用料很讲究，一般要使用红心的红苕，做出来的水粉金黄金黄半透明的，劲道十足，韧性十足，弹性十足。据食客们说，好的水粉要讲究有筋丝，也就是不容易断，吃起来水粉咬是不会断的，要用牙齿和舌头“敏”，“敏”是方言，意思就是用牙齿和舌头把水粉挤断。

客人来了，从冷水中捞起水粉，放在漏瓢里面，讲究一些的，漏瓢还是用细竹篾编的。漏瓢装着水粉在滚烫的水里烫上三两秒就起锅装入碗中，然后在碗中掺入熬好的骨头汤，再配上作料就可以开吃了。作料一般有炒黄豆、宜宾碎米芽菜、莴笋叶之类的蔬菜、油辣椒、碎菌子、花椒面、胡椒面、葱、芫荽、味精、酱油、醋、盐之类的。通常情况下，水粉有“油的”和“素的”之分，所谓

天麻鸡火锅

"素的"就是只放通常的作料，而"油的"就还要放上臊子。近些年，有的商家还借鉴了面条的做法，弄出了什么炖鸡的、排骨的、蹄花的、牛肉的，不一而足，这也让食客们有了更多选择的余地。

漫步彝良街头，走进水粉食店，一碗水粉在手，"稀里呼噜"地大快朵颐，怎一个畅快了得，一碗下肚，意犹未尽。你还可以慢慢地打捞碗底的碎米芽菜或者肉末，直至一碗汤喝干，你才觉得酣畅淋漓。

当然，彝良的美食还远远不止这些，还多着呢，比如腊肉，比如香肠，比如苞谷花，比如蛋丸子，比如楂，比如连渣醪，比如豆豉，比如饵豆腐，比如串串等等，就不一一赘述了。即便是写美食的圣手汪曾祺、梁实秋，我们也很难从他们的文章中真正体验到美食的妙处，最好的办法还是亲自去尝尝，来到彝良，记得好好尝尝彝良美食！